重庆山区耕地撂荒的规模与影响因素

史铁丑◎著

气象出版社
China Meteorological Press

内容简介

本书选取位于西南山区且在近十几年来人口迁出较多的重庆市作为研究区域,从土地利用/土地覆被变化研究的角度,利用 2002 年与 2011 年两期 1:1 万耕地分布图提取撂荒耕地图斑,基于地块尺度和乡镇尺度,采用相关分析、回归分析等方法,在已有的农地边际化等相关理论基础上,分析重庆山区耕地撂荒的空间分布特征、规模、影响因素及未来撂荒风险。本书旨在了解快速城镇化过程中山区的人地关系演变规律,并为相关政策的制定提供学术依据。

本书可供地理学、土地资源学、区域发展等领域的学生和研究人员参考,也可供国土资源开发与规划、农林经济发展等领域的政府管理部门人员参考。

图书在版编目(CIP)数据

重庆山区耕地撂荒的规模与影响因素/史铁丑著
. —北京:气象出版社,2018.11
ISBN 978-7-5029-6859-5

Ⅰ.①重… Ⅱ.①史… Ⅲ.①山地—耕地—土地利用
—规模—研究—重庆 ②山地—耕地—土地利用—影响因素
—研究—重庆 Ⅳ.①F323.211

中国版本图书馆 CIP 数据核字(2018)第 253724 号

Chongqing Shanqu Gengdi Liaohuang de Guimo yu Yingxiang Yinsu

重庆山区耕地撂荒的规模与影响因素
史铁丑 著

出版发行:气象出版社

地　　址:	北京市海淀区中关村南大街 46 号	邮政编码:100081
电　　话:	010-68407112(总编室)　010-68408042(发行部)	
网　　址:	http://www.qxcbs.com	**E-mail**:qxcbs@cma.gov.cn
责任编辑:	蔺学东	终　审:张　斌
责任校对:	王丽梅	责任技编:赵相宁
封面设计:	楠竹文化	
印　　刷:	北京中石油彩色印刷有限责任公司	
开　　本:	787 mm×1092 mm　1/16	印　张:7.75
字　　数:	202 千字	彩　插:4
版　　次:	2018 年 11 月第 1 版	印　次:2018 年 11 月第 1 次印刷
定　　价:	45.00 元	

本书如存在文字不清、漏印以及缺页、倒页、脱页等,请与本社发行部联系调换。

前　言

耕地是最重要的农业生产资料。然而近年来,由于经济的非农化进程加快和劳动力不断流失等原因,我国一些地区出现了农民不愿种田、农地大规模弃耕撂荒的现象。这一问题受到学术与社会各界的广泛关注。国内外学者围绕耕地撂荒发生的驱动力和机制、撂荒的空间分布特征及影响因子、撂荒的生态环境和社会效应、应对撂荒的政策等问题进行了大量探讨和分析。

无论欧洲还是国内的相关研究,在撂荒的实际规模上,多为抽样统计和估计,缺少微观尺度上的现状调查;都侧重宏观驱动因素,或者路径的分析,而缺乏基于微观尺度上影响因素的具体分析。这主要是由于这一尺度上空间分布数据的缺乏,做得很少。但是,目前耕地撂荒的规模究竟有多大,主要发生在哪些地方和哪类土地上,受什么因素影响,这些问题与生态恢复和粮食生产关系密切,辨明耕地撂荒的空间分布与规模及其驱动因素具有重要的学术价值与现实意义。

本书详细介绍了撂荒耕地的提取过程,展示了重庆山区撂荒耕地的分布图斑,基于地块尺度与乡镇尺度分析了耕地撂荒的空间分布差异和影响因素。这也是对地块、农户、村庄尺度耕地撂荒研究的有益补充和对比。本书共分8章:第1章为绪论;第2章介绍研究区和数据来源;第3章分析重庆市土地利用的结构及其在近十年的变化;第4章介绍重庆市典型县撂荒耕地提取与耕地撂荒状况;第5章和第6章分别从地块尺度和乡镇尺度分析耕地撂荒的影响因素;第7章为撂荒风险研究,基于第5章的影响因素对耕地撂荒风险进行分析;第8章是结论以及需要进一步研究的问题。

本书作者现为河北地质大学土地资源与城乡规划学院副教授、河北省数字国土实验中心研究人员,本书是作者在中国科学院地理科学与资源研究所李秀彬研究员指导下撰写的博士论文基础上修改而成,在撰写和研究中得到谈明洪副研究员、辛良杰副研究员、徐晓红博士、张英博士、李升发博士等多位专家的共同指导,并由国家自然科学基金委重大国际合作项目(41161140352)与河北地质大学博士科研启动基金项目(BQ201603)等共同资助。感谢在作者求学、工作期间给予无私帮助的老师、同学、同事、朋友和家人!

由于时间和水平有限,书中难免会存在错漏之处,敬请各位读者批评指正。

史铁丑

2018 年 6 月

目　　录

第 1 章 引 言

1.1 研究背景与研究意义

1.1.1 研究背景

土地资源是人类生存和发展最重要的资源,也是人类最宝贵的财富,具有特殊重要性。一方面,它是主要的自然资源之一,直接服务于人类生产生活;另一方面,它是其他资源的基本载体以及人类活动的空间。耕地作为土地资源的精华,是最重要的农业生产资料,也是保障生态系统稳定的基础。

根据水利部统计,截至 2011 年,我国现有的 18.2 亿亩①耕地中,坡耕地占 3.6 亿亩。由于人均耕地少,人地矛盾突出,造成土地的复种指数高,土地得不到休养,加上传统粗放的耕作方式,坡耕地不仅产量低,而且水土流失十分严重。现有坡耕地占全国水土流失面积的 6.7%,但土壤流失量却占全国水土流失总量的 1/3。据调查,三峡库区每年坡耕地的土壤流失量占总流失量的 73%;黄河流域部分支流的坡耕地侵蚀量占河流输沙量的 60%;西南山区贵州省境内,坡耕地的土壤流失量占总流失量的 85%(毕玉娟,2009)。

在人口增加较快的农业社会,人类活动对土地的压力大。人们为了生存,不得不大量开垦不适宜耕作的坡地,造成地表植被很大程度被破坏。50 年来,长江流域内 12 个省(区、市)林地面积年均下降 0.6%~0.8%,大大降低了蓄水保土能

---

① 1 亩=1/15 hm²,下同。

力(毕玉娟,2009)。

1985年1月,《中共中央国务院关于进一步活跃农村经济的十项政策》中规定:"山区25°以上坡耕地需要逐步退耕还林还牧,以发挥地利优势。口粮不足部分由国家销售或赊销。"1991年6月公布的《中华人民共和国水土保持法》第14条规定:"禁止在大于25°陡坡地开荒种植农作物。省、自治区、直辖市人民政府可根据本地区实情,规定25°为禁止开垦坡度。禁止开荒的陡坡地范围须由当地县级人民政府划定并公告。本法实行前已经在禁止开垦的陡坡地上种植农作物的地区,应在建设基本农田的基础上,根据地区实情,逐步退耕还林、植树种草、恢复植被,或者进行梯田修建。"该项工程从1999年开始试点,2002年全面启动,实施范围涉及25个省(区、市)和新疆生产建设兵团的2279个县(含县级单位)的3200多万农户,共计1.24亿农民,截至2008年已累计完成2686.67万 hm²(4.03亿亩),其中退耕还林926.67万 hm²(1.39亿亩),荒山荒地造林1580万 hm²(2.37亿亩)、封山育林180万 hm²(0.27亿亩),中央已投资1950多亿元。工程建设总体进展顺利,质量较高,阶段性成效显著(孔忠东,2009)。

2007年,国务院下发了《关于完善退耕还林工程政策的通知》,决定延长一个补助周期,继续对退耕农户给予一定的现金补助;由中央财政安排适当数量资金,作为巩固退耕还林成果的专项经费,主要用于我国西部地区、京津风沙源治理区、享受西部地区政策的中部地区退耕农户的口粮田建设、乡村能源建设、生态移民工程及补植补造,并向特殊困难地区倾斜等原则性规定。

2008年全国耕地面积18.26亿亩,比1997年的19.49亿亩减少了1.23亿亩,保护耕地的压力不断增大,人口132802万人,人均耕地1.37亩,仅为世界平均水平的40%。工业化、城市化进程不断加快,"人增地减"成为我国现代化进程中最突出的矛盾。同时,近些年来,我国部分耕地质量下降,在农业科学技术没有取得重大突破的情况下,粮食单产持续提高非常困难。为确保我国粮食安全,必须保有一定数量和质量的耕地。《全国土地利用总体规划纲要(2006—2020年)》提出,我国耕地保有量到2020年保持在18.05亿亩。

从生态安全的角度出发,25°以上的陡坡耕地要求全部退耕还林。但是从区域经济社会发展水平、粮食生产能力以及耕地资源的特点出发,需要综合评价并且合理确定不同地区生态退耕的标准、规模和进度。所以须从生态安全与粮食安全角度进行合理退耕(张志东,2004)。从粮食安全角度看,如果退耕力度较大,必然会对当地粮食生产带来较大的影响,其中最直接的就是因为耕地大面积的减少,造成粮食总产量的下降,这难以避免地影响到粮食安全。协调好耕地、生态与粮食安全之间的矛盾,是保证退耕还林工程"退得下、还得上、稳得住、不反弹"的关键问题。国务院有关部门要进一步摸清 25°以上的陡坡耕地实际情况,在深入调查研究、认真总结经验的基础上,实事求是地制定退耕还林工程建设的规划。

坡耕地退耕可以分为两种类型:第一种是政府行为,即退耕还林还草工程;第二种是农民的自发行为,即农地弃耕撂荒。

在我国 20 世纪末开展的六大林业生态工程中,退耕还林工程是中国林草业生态建设史上涉及面最广、规模最大、投入最多、政策性最强、与农民关系最密切的生态工程。它的目的是促进自然生态的恢复,重建已经和正在破坏的生态系统,偿还我们对生态环境的"透支",为保持和建设良好的生态环境赢得更多的时间和主动权。它标志着我国生态建设进入了一个全新的发展阶段。

第二种坡耕地撂荒即农民自发的行为,因为非农务工工资提高后青壮年农民工外出务工、劳动力短缺、土地质量低下、耕地离家距离远等原因,农民将土地弃耕、撂荒或转为它用,这也是农地边际化的一种表现形式。本书的研究重点是农民自发的行为导致的坡耕地撂荒。

中国 18.2 亿亩耕地中,坡耕地占比达到了 19%以上,部分省(区、市)耕地质量总体不高(Zhang et al,2014;Shi,2016),存在着大量的耕地撂荒现象,下面是一些省(区、市)的耕地撂荒案例。

安徽省的撂荒现象主要出现在江淮之间和沿江地带,最近几年蔓延很快。例如,当涂县撂荒耕地 5.1 万亩,占耕地总面积的 7.6%;合肥市肥东县撂荒面积约 11 万亩,约占耕地总面积的 8.3%;六安市有耕地 666.4 万亩,2001 年非季节性撂荒面积为 26.7 万亩,撂荒比例为 4%;巢湖市 2000 年农村常年抛荒土地 24.5 万亩,占承包土地总面积的 6.1%,撂荒面积较 1998 年增长 77%,且仍呈增长态势(邾鼎玖等,2001)。

在江西省,1999 年以后,土地弃耕面积逐年上升,2000 年达到 65 万亩,约占耕地总面积的 2%,其中,季节性撂荒占 80%。湖北省,1999 年全省抛荒耕地面积占耕地总面积的 3.4%,2000 年为 5.2%,其中常年抛荒 59 万亩,占抛荒总面积的 31.9%,涉及 42.5 万农户,2000 年全省季节性撂荒面积达 200 多万亩,占耕地总面积的 4%左右。

　　湖南省耕地撂荒现象最早出现在 20 世纪 90 年代初,农业部 1993 年对该省百县万户的蹲点调查发现,仅安乡县就有 5%～8% 的农户要求退田(庄伟民,1997)。衡阳市 1998 年弃耕面积 47862 亩,占该市耕地面积的 0.93%。常宁市是衡阳市乃至湖南省名列前茅的粮食高产区,是省农业厅挂牌的商品粮生产基地,其粮食生产曾经创下 4.2 亿公斤的历史最高纪录。然而在 2002 年,该市 56 亿亩耕地中约有 15 万亩撂荒、半撂荒,另有 5 万亩遭受自然灾害或者遭受污染,合计占耕地面积的 35.6%(洪晓静等,2003)。

　　重庆市巴南区和平桥乡白果树村仙人掌社,1993 年荒芜耕地 144 亩,1995 年达到 200 亩,占该社耕地面积的 60% 以上。江津市是重庆唯一全国农业百强(县)市、全国商品粮大(县)市,人地矛盾相当突出,尽管如此,撂荒现象仍较为严重,2000 年还发生了历史罕见的撂荒,明荒耕地 5 万多亩,约占耕地面积的 5%,比 1995 年增加了 60% 以上。至 2001 年,重庆市季节性撂荒土地估计达到 189 万亩(张红宇,2001)。图 1-1 是重庆市一些撂荒耕地。

(a) 巫山县庙宇镇报丰村撂荒耕地　　　　　(b) 巫山县巫峡镇龙山村林地内撂荒耕地

(c) 酉阳县桃花源镇洞底村撂荒耕地　　　　(d) 酉阳县黑水镇宝剑村大面积撂荒耕地

图 1-1　重庆市撂荒耕地

在我国牧区特别是农牧交错区,因为开垦造成的弃耕现象普遍,大片草场在被开垦成农田后没过几年便弃耕撂荒,宁夏回族自治区盐池县 1961—1983 年开垦天然草场 100 万亩,目前接近一半已经荒漠化,面临弃耕危险。

内蒙古自治区赤峰市有人口 450 万,耕地 1700 万亩,其中旱地 1200 万亩,因为盐化、碱化,400 多万亩土地弃耕;商品粮基地四子王旗巨巾号乡有人口 1.7 万,耕地 22.5 万亩,因为种粮经济效益下降、收入减少,农民种田积极性下降,8 个行政村都出现不同程度的撂荒现象,其中阿拉善图村有耕地 3.4 万亩,撂荒近 0.3 万亩,撂荒比例达 8.8%(常振亮等,1995)。另外,我国西北部的新疆内陆和流域、甘肃民勤湖区、内蒙古黑河流域、青海湖周边等区域,都存在不同程度的耕地撂荒。

通过上述案例可以看出,耕地撂荒现象在我国普遍存在,而且有愈演愈烈的趋势。那么,耕地撂荒的未来发展趋势如何? 要回答这一问题,必须对耕地撂荒的具体规模,特别是其背后的原因进行深入分析,而这即是本书立题的现实依据。

1.1.2　研究意义

坡耕地是中国耕地资源的重要组成部分,其变化直接关系到国家粮食安全、生态安全和防洪安全。但由于中国山丘区比重较大,加之自然、历史和人口等原因,目前仍在耕种的坡耕地面积较多(冯志军,2011)。农民自发的坡耕地退耕在全国也很普遍。但是,中国坡耕地的类型、面积、分布,坡耕地的撂荒过程、驱动机制等,还少有研究。因此,探究坡耕地撂荒的驱动机制,并预测未来发展趋势,将能够为水土保持、提高农业产出、稳定粮食生产、提高农民生活水平、生态环境建设和政策制定提供决策参考。

(1)为区域生态环境建设提供学术依据

一方面,农地的弃耕撂荒对农业和粮食生产带来影响;另一方面,农地的弃耕撂荒造成植被增加,区域生态压力降低,生态环境明显改善,野生动物数量的猛增就是一个明显的标志。许多重大环境问题(如沙化和生物多样性的丧失)都是与土地利用密切相关的,因此,对土地利用过程和驱动机制的了解会给生态保护政策的制定和实施提供参考依据(Flores et al,2008)。

(2)揭示农地利用变化规律

土地利用变化有两种途径,即用途转移和集约度变化(李秀彬,2002)。从土地利用决策的角度考虑,农户总是追求土地收益最大化。而随着非农务工工资的提高,农民会选择外出务工而对土地粗放利用,即土地的集约度下降。随着这一过程的不断发展,农民会将离家较远、交通不便、质量较差的农地弃耕撂荒,此时土地的用途也发生了转移,即由农地转为荒草地或林地等类型。我们也可将这一过程称之为农地的边际化。

(3)有利于把握未来农地利用变化的方向

由于自然、人文、社会等因素的影响,我国农地撂荒现象时有发生,且有愈演愈烈的趋势。分析农地撂荒的影响因素,有利于对未来发展趋势的判断,制定相关的政策措施。

1.2　耕地撂荒的概念与类型

世界粮农组织(FAO)1995年对撂荒土地的定义是"至少5年没有被农业生产或其他农业目的利用的可耕地"。2011年布达佩斯国际研讨会给土地撂荒下了几个定义。较简化的定义有:"没有使用的可耕地""2年或2年以上没有耕种的农地""没有时间限制的很长时间处于撂荒的可耕地"。较复杂的定义有:"法律规定前一个耕种季节没有耕种、第二个耕种季节初期仍没有耕种的可耕地""具有农业或林业生产能力的土地无正常理由而不耕种,或由于管理和维护不当而导致破坏的可耕地"。

文华成(2003)认为,耕地撂荒是指农民因某种原因不愿意耕种或因为旱涝等灾害,导致耕地荒芜一季或一季以上的现象。李孔俊(2002)认为,耕地撂荒是指曾经被耕种而现在不被继续耕种以造成荒芜的土地。不过,张斌等(2003)却认为,当耕地处于未充分利用状态时也属于一种隐性撂荒,所以可将耕地撂荒定义为"由于生产经营者的主观原因放弃而导致耕地处于闲置或者未充分利用的状态"。

张斌等(2003)对于耕地撂荒的界定涉及了耕地的利用程度,从此种角度分析,耕地撂荒可以划分为显性撂荒与隐性撂荒两种基本类型。显性撂荒是指在本应该种植的一定时段内(通常为一季以上),土地经营者在现有耕地内不种植任何农作物而放任田块荒芜的现象(张蓬涛,2002;黄利民等,2008);隐性撂荒是指土地经营者依旧在田块上播种农作物,但投入田块的人、物、财等有意识的降低(低于常年水平),进而造成耕地利用程度下降、产出水平降低(谭术魁,2003;马玲玲,2010)。

根据耕地撂荒时间的长短,可以将耕地撂荒分为季节性撂荒与全年性撂荒两大类型。季节性撂荒是指耕地撂荒持续时间较为短暂,只在一年中某个季节发生的撂荒现象。全年性撂荒是指耕地撂荒所持续的时间至少在一年以上的现象(张柏齐,1994)。

本书的案例区是重庆市石柱、巫山和酉阳 3 县,当地按气候条件粮食种植可一年两熟。但本书研究对象主要是山区坡耕地,坡耕地质量一般较差,一熟制与两熟制长期混合存在,无法辨别每个地块的撂荒时长,因此,本书不考虑季节性撂荒问题。综合国内外关于耕地撂荒的相关研究及本案特点,本书对耕地撂荒概念界定为闲置 1 年以上未被利用的耕地(史铁丑等,2013)。而本书所研究的撂荒耕地主要是 2002—2011 年近 10 年间发生的撂荒。

1.3　国内外研究进展

1.3.1　国外农地撂荒的规模和过程研究

20 世纪后半叶,全球山区人口持续减少,出现大面积土地退耕现象。直到今天,欧洲、地中海地区、北美、日本等国家和地区弃耕撂荒现象仍在持续(Brouwer et al,2008)。耕地撂荒伴随的森林植被面积变化最早发生在欧洲。欧洲多个国家对耕地撂荒进行了研究。在乌克兰西部,耕地撂荒广泛存在,2008 年撂荒率达到了 56%。1991 年后,社会主义计划经济时期利用的耕地总共有 6600 km^2(30%)撂荒。地形、土壤类型和人口变化是撂荒率变化的最主要影响因素。重要的是,撂荒率在平原地区高而在边缘地区低。在转型期农业生存的重要性、非农收入和汇款(remittances)或许能解释这些现象。耕地撂荒率也因为海拔和坡度而不同,撂荒率在海拔 200~400 m 最高(>35%),在海拔 1100~1200 m 最小(<2%)。撂荒率在缓坡和平坦地形区也较高(Baumann et al,2011)。在保加利亚,有

105.32 万 hm² 的 1996701 块土地撂荒。在摩尔多瓦,全部地区土地撂荒。而在丹麦,土地撂荒几乎不存在。在英国,没有撂荒土地的数字,这可能反映了至今还没有撂荒的区域;在法国,农地有 2924.10 万 hm²,撂荒 49.76 万 hm²,撂荒比例为1.6%,1993—2003 年,撂荒土地减少了 22%,这些撂荒地主要被城市用地或者林地所代替;在德国,撂荒面积大约有 25 万 hm²;在人口稠密的荷兰,撂荒耕地面积可能接近于零,因此,很难说出任何土地撂荒的问题;相反,在意大利,耕地撂荒被看作一个严肃和复杂的问题,1985—2003 年耕地撂荒从利用农地的 2% 增加到了 10%;在希腊,土地撂荒问题严重,根据官方统计,属于 118251 个农场的 23.65 万 hm² 耕地没有耕作,相当于希腊耕地面积的 7%;在立陶宛,2004 年和 2005 年估计有50 万～60 万 hm² 农地没有耕种。

在欧洲以外的地区,耕地撂荒、森林植被空间扩张等现象发生相对较晚。在澳大利亚,耕地撂荒面积在近 40 年来持续增加。从 1970 年到现在,大概增加了10 万 hm² 的闲置土地(Silber et al,2006)。据估计,日本在 1995—2005 年间的累积弃耕面积占总耕地面积的 2.8%。Denevan(1986)估计,秘鲁科尔卡(Colca)峡谷的梯田撂荒比例达 62%,高山地区达到 91%。Moshi 等(2000)证实,在秘鲁安第斯山脉中段圣埃乌拉利亚(Santa Eulalia)河流域海拔 2800～4650 m 地区,大多数梯田处于半撂荒状态,梯田退化十分显著。

1.3.2　国外农地撂荒影响因素研究

土地的自然环境条件、地理位置、农业结构(如地块或农场面积、种植制度、与消费中心的邻近度)、社会(如人口迁移、农民年龄、受教育程度和财力资源)、经济(如投入产出价格的变化)和政策等因素都有可能导致耕地撂荒(FAO,2006)。

关于受到撂荒威胁的土地类型,在英国,位于高山地区未经改善的、天然的和半天然的草地受撂荒威胁最大,而土壤类型间的差异并不大;在法国,草地和传统果园是最受撂荒威胁的土地类型,非常干和非常湿的、不适合拖拉机耕作的土壤是最易受威胁的;在德国,草地是最受土地撂荒威胁的土地类型,通常,贫瘠的土壤和山坡上的土地最受威胁;在希腊,受撂荒威胁的除了耕地还有粗放利用的牧场,多山的、非灌溉区和偏远的岛屿最为不利;在意大利,最受撂荒威胁的土地类型是草场,最易受威胁的土壤是非常干的类型;在立陶宛,草场也是最易受撂荒威胁的土地类型,湿土、沙土和其他很贫瘠的土壤最易受威胁;在捷克,一些草场和传统的乡下果园最受土地撂荒威胁,重型机械很难进入的潮湿草场土最易受威胁(Moravec et al,2007)。

关于农地撂荒的驱动因素,Benayas 等(2007)认为,首先是社会经济因素的影响,如农村居民迁入可提供就业机会的新的地区;其次是自然方面的驱动因素,如地形和土地管理不当而导致土壤侵蚀。Prishchepov 等(2011)研究了俄罗斯1990—2000 年的农地撂荒情况,认为主要原因是 20 世纪 80 年代末粮食产量较低、人口密度小、森林内部独立的农业区和靠近森林边缘。Stokstad(2010)研究了挪威北部的土地撂荒情况,认为财富少的农民更容易撂荒,农场的大小对农民的决定更加重要。Gellrich(2007)研究了瑞士山区的耕地撂荒情况,认为土壤耕层浅薄、陡坡和欠发达的道路设施是耕地撂荒的主要影响因素。欧洲地中海地区耕地撂荒的原因包括:地理位置、环境因素、社会因素、农业结构、经济因素和政策因素;耕地撂荒的结果有:土壤侵蚀、野外火灾风险、野生动物增多、景观和土地利用变化。

关于土地撂荒对国家的影响。在保加利亚,土地撂荒对农业不是大问题。在瑞典,土地撂荒的影响可以被忽略。在塞浦路斯,未耕种农地是国家农业的一个大问题,主要的消极影响是:农业部门对 GDP 贡献降低;从乡村到市中心居民的流动没有严格限制;其他经济部门的农地利用受到影响。

在欧洲,农地弃耕是一个事实,在 20 世纪初慢慢开始,50 年代以来逐渐增加。农地弃耕发生的区域主要是西欧的山区、广阔的草原(Laurent,1992),以及东欧土壤贫瘠、经济上难以开发的区域 (Keenleyside,2004;Grinfelde,2007)。

欧洲的农地退耕有着不同的原因,取决于区域和时期。每个地区呈现了一种特殊的农业状况,是多种因素(历史、地理、人口、社会经济等)共同作用的结果(表1-1)。弃耕原因经常是这些因素的组合,其中一个因素起主要作用,大部分因素是联系在一起的。

2008 年,欧洲执行委员会联合研究中心(European Commission Joint Research Centre)发布了对欧洲耕地撂荒的详细研究报告。报告指出,之前的近 30 年,欧盟大多数国家的农地使用面积显著降低。农地使用面积的减少归因于农地弃耕,其他的土地利用变化主要是由于植树造林与转为建设用地。耕地撂荒可定义为陆地表面上农业活动的停止。农地弃耕的增加引起了欧盟各国与欧盟政策制定者的关注。从 1992 年开始,共同农业政策通过基本的改革过程支持农产品价格和生产,以增加更好的可持续性的服务,采取直接的收入补贴和农村发展支持政策。改革进程的一个重要步骤是 2000 年议程,规定了共同农业政策不仅要增强欧盟农业的竞争力,保证食品安全和质量,稳定农业收入,还要提高环境效益,改善乡村景观,维持整个欧盟农村地区的竞争力。

表 1-1　欧洲学者对农地弃耕原因的总结

因素类型	农地弃耕的原因
地理	陡坡 从家到农场的距离 可达性低 农场的大小
人口	工人数量的减少 专业农场的减少 人口变化(移入、移出)
农业生态	土壤贫瘠 阿尔卑斯山牧场的土地(易发生撂荒)
社会经济	种植成本高和生产潜力低 牲畜数量减少 土地价格低 农民年龄接近退休、后备劳动力缺乏 子女与父母的纠纷导致土地继承困难

资料来源:欧洲执行委员会联合研究中心(European Commission Joint Research Centre)。

　　为了评估弃耕地,需要考虑特定时期和特定地区。考虑特定时期非常重要,因为一些农地弃耕原因直接与农业政策相关,如农产品的价格、投入成本。农地弃耕也与社会、经济和历史因素有关,不同国家、不同时期各不相同。对于新成员国的研究是一个很好的案例,农场大小、土地私有化、市场组织不同,则农地弃耕状况也不同(Pointereau et al,2008)。

　　欧洲是世界上研究农地撂荒较多的地区。从以上综述可以看出:①欧洲的农地撂荒现象,二战以后随着平原地区农业技术的进步,面积开始扩大;②近年来撂荒现象主要发生在东欧经济转型国家和南欧山地面积较大的国家;③地表坡度陡、土壤耕层浅薄贫瘠、排水不畅、地理位置偏远的耕地和草场,最易撂荒;④农地撂荒往往发生在经济落后地区,这引起了政府的重视,后者制定了相应的补贴政策,以提高这类地区的发展竞争力;⑤撂荒被归因为人口迁出等经济社会因素和土壤侵蚀加剧等自然因素,但各地情况差异较大,有关撂荒驱动机制的研究未给出一致的结论。

欧洲的土地撂荒与中国的土地撂荒可能还有些区别,前者是政策鼓励与资金补贴,目的是以保护生态环境,而中国更多的是农户自身的行为。

1.3.3 中国的坡耕地撂荒与农地边际化研究

自从 20 世纪末期,尤其是 1978 年中国改革开放以来,全球化、城市化和工业化的发展重塑了中国农村的社会经济和空间结构(Long et al,2016;Shi et al,2018)。这样快速的农村重构造成了很多问题,中国农村的未来发展面临诸多挑战,如非农化、非粮偏好和耕地撂荒(Long et al,2014,2016)。近 20 多年来,在中国农业用地利用过程中,总共出现过 3 次耕地撂荒现象,然而大规模撂荒发生仅有两次,主要集中在 1992—1995 年和 1998—2003 年,并且后一时期耕地撂荒持续时间更长、面积更大。我国耕地撂荒区域差异悬殊。东部地区耕地撂荒出现时间最早,1993—1994 年是东部地区耕地撂荒的多发时期;中部地区耕地撂荒出现次数最多,主要集中在第 3 次撂荒时期,耕地撂荒程度最为严重,涉及范围最大;西部地区耕地撂荒出现次数较少,在出现时间上并无明显的集中性特征(刘成武,2006)。

从前文的综述可以看出,土地的坡度是耕地撂荒的因素之一。何为坡耕地,一直以来没有明确的概念。全国土地利用现状调查阐述耕地坡度是反映耕地地表形态的数量指标之一,是生产条件的基本组成因素。耕地坡度制约着土壤侵蚀方式、强度和水土流失程度,影响着土壤水热状况、成土过程和土地质量(马克伟等,2000),对农业灌溉、排水、生产管理以及耕地的生产水平都有直接影响。狭义的坡耕地仅指旱地中坡度>2°、无工程设施或者设施较为简陋的坡地和轮歇地;而广义的坡耕地除了包括坡地和轮歇地外,还包括坡度>2°的有工程设施且种植面为平面的梯田、望天田和水浇地、梯地及菜地(杨子生,1999)。从农业机械作业影响角度分析,15°以下为耕地适宜坡度,15°为中、小型农机耕作上限,15°以上难以机耕。而从土地利用引起土壤侵蚀的角度看,2°~6°有轻度土壤侵蚀,土地比较容易整平,适合发展农业生产;6°~15°可以等高耕作,可以发生中度或者重度水土流失,应该采取修筑梯田、横坡耕作等方法加强水土保持;15°~25°水土流失较为严重,须采取工程、农业科学技术、生物等综合措施防止水土流失;25°为《中华人民共和国土地管理法》和《中华人民共和国水土保持法》规定的开荒限制坡度,即 25°以上禁止开荒,过去已开垦为耕地的区域,要逐渐退耕还林还草。《土地利用现状调查技术规程》根据地面倾角的不同将坡耕地分为 5 个坡度级别,如表 1-2 所示。

表 1-2　坡耕地类型

坡度级别	坡耕地类型	坡度	含义
I	平地	<2°	基本无侵蚀,适宜农业生产,最易机耕和灌溉,亦宜城乡居民点、工矿用地、交通建设用地
II	平坡地	2°~6°	有轻度土壤侵蚀,土地较易整平,可修宽幅梯田,适宜发展农业生产;6°为机耕地界线,可等高耕作,浇灌有一定困难;适宜于居民点、工矿用地、交通建设用地
III	缓坡地	6°~15°	土壤侵蚀明显,有细沟、线沟、冲沟发育,宜跑土跑水,一般应修筑梯田,治理水土流失才能耕种;15°为中、小型农机耕作的上限
IV	斜坡地	15°~25°	片状侵蚀和线状侵蚀强烈;表土基本流失;新土露出地表,水土流失严重;土地利用率低;不宜农耕,适宜牧业
V	陡坡地	>25°	土壤侵蚀强烈,土层浅薄,水土流失十分严重,不适宜农业生产,应退耕还林

注:数据来源于文献(谢俊奇,2005)。

国土资源部为配合西部大开发战略的实施,于 2000 年和 2001 年分批在新一轮国土资源大调查中对土地资源监测调查工程进行了坡耕地调查评价工作。查清了河北、山西、内蒙古、吉林、河南、湖北、湖南、广西、重庆、四川、贵州、云南、西藏、陕西、甘肃、青海、宁夏、新疆中西部 18 个省(区、市)坡耕地数量、质量、分布、权属以及相关的自然、社会经济状况。本次坡耕地调查评价主要是针对 15°以上的坡耕地,分为 15°~25°、25°以上两个坡度级。调查发现,中国坡耕地面积约为 17.88 万 km²,其中 15°~25°坡耕地占 68.91%,25°以上坡耕地占 31.09%。坡耕地面积超过 1 万 km² 的有 6 个省(市),面积占全国坡耕地的近 70%。其中云南为 3.07 万 km²、贵州为 2.32 万 km²、四川为 2.14 万 km²、陕西为 1.95 万 km²、甘肃为 1.69 万 km²、重庆为 1.19 万 km²(谢俊奇,2005)。

另外,有多位学者对各省份的坡耕地进行了研究分析。于晓光(2003)分析了辽宁省坡耕地的资源普查成果,查清了辽宁省不同坡度、不同土层厚度和不同岩性的坡耕地面积并揭示了其地理分布特点。张丽萍等(2004)研究了四川省坡耕地的类型、数量及其分布,并提出了农耕农艺和工程的坡耕地治理对策。杨子生(1999)从研究山区坡耕地水土流失与合理利用和改造的角度出发,提出了坡耕地的概念,建立了坡耕地分类系统;按此系统归并现有土地详查结果数据,得出了滇东北山区各类耕地的数量;并采用 6 个指标,分析了滇东北耕地的基本特征。林昌虎等(2004)研究了贵州山区坡耕地的分布状况与特征,并针对不同坡度的坡耕地提出了不同的综合利用与整治措施。

关于撂荒耕地的提取方法,马玲玲(2010)对内蒙古自治区和林格尔县的耕地撂荒进行了研究,撂荒耕地的提取方法是对土地详查的耕地图层与荒草地图进行叠加处理提取撂荒耕地,得出 1996—2009 年和林格尔县的撂荒率为 3.2%。程维芳等(2011)以广东省惠东县、海丰县和陆丰县为研究区,通过 3 种遥感调查的方法:基于建立解译标志的撂荒地提取方法、基于 NDVI 的时间序列特征撂荒耕地提取方法、基于光谱特征的土地分类提取方法,在研究区运用这三种方法,结果表明,基于建立解译标志的撂荒耕地提取方法正确率最高,而对于高分辨率撂荒地的目视解译,效率有待于提高;基于 NDVI 时间序列特征的撂荒耕地识别方法,在研究区通过采样点的方式具有很高的可信性,但该方法若应用到大范围或全国范围内,则具有一定程度的局限,依赖于遥感数据时间分辨率和空间分辨率的提高;而基于光谱特征的分类提取的撂荒耕地识别方法,在本研究中不可行。整体而言,以目视解译的结果为标准,基于 NDVI 时间序列特征的撂荒耕地提取方法为较适宜的方法。

从坡耕地利用、土壤侵蚀及对农业机械作业影响角度分析,15°以下为耕地适宜坡度;15°为中、小型农机耕作的上限;15°以上难以机耕,片状侵蚀和线状侵蚀强烈,水土流失严重,已不宜农耕。新一轮国土资源大调查坡耕地调查评价工作主要是针对 15°以上坡耕地。

如前所述,坡耕地退耕有两种类型,其中一种为政府行为,即退耕还林还草,既是建设重要的生态环境屏障和保护许多独特动植物物种的重要举措,又能促进区域农业产业结构调整和优势产业发展。但坡耕地作为我国耕地资源的组成部分,对维持粮食安全发挥着一定作用,退耕还林必然会对粮食生产产生冲击,其消极影响不容忽视(谢俊奇,2005)。

　　坡耕地退耕是农地边际化的表现形式之一,而农地边际化是一个内涵非常丰富的动态概念,不同学者对农地边际化的理解并不完全一致(刘成武,2006)。所以,至今仍没有一个被大家普遍认同的定义。欧洲共同市场理事会(CEC,1980)认为,农地边际化情形可理解为经济生产能力处于边际化时的状态;Bethe 等(1995)认为,农地边际化可被视为农地收益从多到少的变化,它可以包括由耕地到永久牧草地、由草地到林地间的多种变化;而 Brouwer 等(1999)则认为,农地边际化可被看作是一种受社会、政治、经济与自然环境等多种因素综合驱动作用的过程,在现有的土地利用与社会经济结构条件下,农业用地变得不再具备生产能力的过程(刘成武,2006)。

　　以上概念尽管表述不同,但均认同:①农地边际化是社会、政治、经济与自然环境等多种综合因素共同驱动作用的结果;②受驱动因素变化的影响,农用地的生产能力不断变化,农地边际化是一种动态变化过程;③农用地出现边际化现象时,农地利用方式将发生相应变化;④“土地生产能力变化”被视为农地边际化的核心内涵。

　　但对于“土地生产能力变化程度”的理解不尽相同。Bethe 等(1995)认为,农地收益从多到少的变化是农地边际化,而 CEC(1980)与 Brouwer 等(1999)更强调这种变化须达到“不再具有生产能力”时的那种状态,即农地利用纯收益小于或者等于零(刘成武,2006)。

　　根据以上分析,农地边际化的内涵可概括为:农地边际化是一种受社会、政策、经济、自然环境等因素综合驱动作用的过程,是一种在现有的土地利用状态和社会经济结构条件下,农地变得不再具有经济生产能力的过程。

　　农地边际化的结果是土地转为更为粗放的利用类型,或者直接撂荒。北美、欧洲、地中海地区、日本等国家和地区出现的农地撂荒、边际耕地退出生产、森林面积增加(Caraveli,2000;Rudel,2005;Gellrich et al,2007;Sluiter et al,2007;Xie et al,2014)等,可以认为是农地边际化的典型案例。

1.3.4　国内外农地撂荒研究存在的问题

　　由国内外已有研究成果来看,农地撂荒是社会经济和自然环境因素综合驱动下的结果,且不同区域、不同时期、不同农户农地撂荒的表现形式和驱动机制存在差异。农业劳动力转移被认为是引起农地撂荒的重要因素（张英等，2014），但众多研究对具体中间作用环节和过程存在许多争论。另外，农地撂荒对区域生态环境和农业生产产生的影响是正面的还是负面的，也没有达成一致结论。

无论欧洲还是国内的相关研究，在撂荒的实际规模上，多为抽样统计和估计，缺少农户、地块这些微观尺度上的现象调查；都侧重宏观驱动因素，或者路径的分析，而基于微观尺度上影响因素的具体分析，由于这一尺度上空间分布数据的缺乏，因此做得很少。针对这一突出问题，本书选择中国重庆作为研究区，利用遥感影像和矢量化地图的处理来提取撂荒耕地，基于地块尺度和乡镇尺度分析影响耕地撂荒的影响因素，并对现有耕地未来撂荒的可能性进行风险评估。

1.4 理论依据

1.4.1 "森林转型"理论

"森林转型"理论是 20 世纪 90 年代初英国地理学家 Mather 总结出的有关土地利用长期变化的一个规律，它是指一个国家或者地区，伴随着经济和社会的发展，森林面积逐渐从净减少变为净增加，发生趋势性的转折，即国家森林面积伴随时间的变化呈现 U 型曲线的形态（李秀彬等，2011）。此后，围绕着森林转型的发生机制以及森林面积变化的驱动因素，学术界对森林转型研究的理论与方法进行了卓有成效的探索（Barbier，2010；Foster et al，2003；Grainger，1995；Rudel，1998）。

Mather 等（1998）较早地从农户土地利用变化的角度提出解释森林转型的一个理论框架。他们构建了一个林地上的农业配置模拟模型，认为农业生产会对土地质量不断做出调整，农民通过一个学习的过程，逐渐将农业生产集中于小区域的质量较好的地块，即使在没有技术进步的条件下，也可以利用更少土地面积生产出同等甚至更多的产量，更多的贫瘠土地慢慢被农业生产所遗弃，这些土地可以被用作森林的自然再生或者人工造林。

Rudel 等（2005）对有关研究进行归纳后认为，农业扩张之后的森林恢复主要有两种典型的路径,即"经济发展路径"与"森林稀缺路径"。"经济发展路径"是指,随着经济的发展,会有更多的非农工作和经济机会吸引农民及农业工人离开农业领域,农业领域中劳动力的减少提升了农业劳动者的工资水平,使得更多的农业企业的利润率下降,在这种情况下农民逐渐将一些偏远的、生产率比较低的土地抛荒,这些土地会慢慢转化为林地(Mather et al,1999)。

土地变化的地理差异明显。发展中国家特别是热带地区的森林面积持续减少,而欧洲、北美、日本等发达国家和地区在 20 世纪先后经历了"土地利用转型",即陡坡耕地、贫瘠耕地等"边际耕地"退出生产,森林面积增加。中国正在经历发达国家走过的道路。近几十年来,耕地面积持续减少,自 1980 年以来的近 30 年间减少了 10%;林地面积持续增加,一般认为中国的林地面积在 20 世纪 60 年代初达到谷底,据林业部门的统计,当时全国的森林覆盖率为 9% 左右,到 2013 年这一指标为 21.63%。

1.4.2　农地边际化理论

Brouwer 等(1999)认为,农地边际化是农地受社会、经济、政治、自然环境等因素共同作用,在现有土地利用和社会经济结构条件下,农地变得不再具有生产能力的过程。农地边际化是存在于时空两种尺度上的过程(Szabó et al,2004)。学者们一致认为,农地边际化是社会经济和自然环境因素综合作用的结果,但区域不同这些因素影响的程度和结果迥异(Szabó et al,2004;Van Doorn et al,2007)。

一方面,土地按照人口平均分配,造成农地破碎化,土地的经营管理成本相对较高,容易被边际化(Tan et al,2006;Sikor et al,2009);另一方面,农地兼有社会保障功能,农户不能完全摆脱对土地的依赖。信贷机制、惠农补贴政策及土地保护计划等在一定程度上能缓解或刺激土地边际化进程(Morera et al,2006)。不同时期、不同区域、不同类型农户之间的农地利用存在差异。农业劳动力非农务工被认为是驱动农地边际化的重要因素,但对其中机制存在较多争论。

从农地边际化的效应来看,基本存在两个方面的认识:一方面,农地边际化意味着农地退出农业生产和自然植被的恢复过程,人工生态系统向自然生态系统转变,这有利于区域生态保护和建设;另一方面,农地边际化造成农户(或区域)农业生产的收缩,只是在一定程度上影响作物产量,对农业生产造成负面影响(刘成武等,2005;Acs et al,2010)。

1.4.3 农户经济理论

农户是发展中国家内部最为主要的经济组织。因而,国家制定价格政策和其他调控措施时必须了解与兼顾农户行为的影响作用。这就是说,作为政策制定者,务必知道哪些因素能够决定农户生产以及农户投入物的需求,同时要研究哪些因素可以影响农户劳动力供给与使用,以及要搞明白农户作为一个生产者的行为如何影响其作为一个消费者的行为,以及对劳动力供给的影响。反过来,必须弄清楚农户作为一个消费者如何对其生产起影响作用。

从概念上讲,农户经济学属于微观经济学的范畴,它将农户的生产、消费与劳动力供给等决策紧密联系在一起。其基本假说是:农户是一个效用最大化的追求者,农户效用受农户收入、生产效益与农户休闲需求等因素综合影响。农户的决策行为受到农户劳动力、现金与技术等资源的限制。

在我国,和其他国家一样,农户是农村最基本和最重要的经济成分,小农(即农户/农民)在政策决策中的作用会随着改革的深入而日趋显著。采用系统有效的分析理论和分析方法来正确分析我国农民的行为以及他们在整个经济发展中的作用是非常重要的。这将会为在我国农村经济和整个国民经济的快速发展过程中正确调整政府与农民的关系起到积极的作用(张林秀,1996)。

1.5 研究内容

1.5.1 研究目标

本书基于当前中国出现的耕地退耕、撂荒的现象和突出问题,选取重庆作为案例区,分析 2002—2011 年间耕地撂荒的规模、分布和特征,以及耕地撂荒的影响因素,探讨微观尺度上耕地撂荒的驱动机制,为把握未来耕地撂荒的发展趋势,合理进行土地资源管理和"三农"问题的解决提供政策参考。

1.5.2　主要研究内容

（1）重庆市土地利用现状及变化。借助遥感调查数据，分析重庆市土地利用的结构现状、耕地总体的结构情况、旱地和水田的空间分布，以及近十年间土地利用结构的变化、各种土地类型相互间的转移、耕地结构的变化等。

（2）重庆市撂荒耕地提取过程及耕地撂荒现状。利用两期耕地分布图、退耕还林图、森林工程图提取撂荒耕地图斑；重庆市石柱、巫山和酉阳 3 县的耕地撂荒面积、撂荒率，旱地和水田撂荒情况。

（3）地块尺度耕地撂荒的影响因素。从地块的耕作距离、耕作高差、地块坡度、地块面积等方面，基于微观尺度分析耕地撂荒的影响因素。

（4）乡镇尺度耕地撂荒的影响因素。选取乡镇劳均耕地面积、农民人均纯收入、乡镇高程、地形坡度、林地占比、乡镇距县城距离、乡镇距重庆主城区距离共 7 个指标，基于宏观尺度分析耕地撂荒的影响因素。

（5）耕地撂荒风险分析。依据地块尺度研究得出的结论，选择地块耕作距离、耕作高差、地块坡度、地块大小指标，评估现有耕地（尚未撂荒的）未来撂荒的风险大小，并对撂荒现象的发生提供对策和建议。

1.5.3　研究方法和技术路线

研究方法主要包括：

（1）GIS 和遥感技术。利用 ArcGIS 9.3 软件对矢量化地图进行处理和分析，提取撂荒耕地，叠加 DEM 图和 SLOPE 图，提取地块信息，进行空间分析；

（2）采用逻辑斯蒂回归分析、简单相关分析、多元线性回归分析方法分析地块尺度和乡镇尺度耕地撂荒的影响因素；

（3）指数法。对于现有耕地未来撂荒风险评估，采用单项评价指数法和综合评价指数法进行分析。

本书的研究技术路线见图 1-2。

阅读文献资料

提炼科学问题，提出理论假设，分解研究内容，选定研究区域

选定研究方案，包括研究目标、方法和路线　　　　实地调查，收集数据

区县、乡镇、村庄统计数据　　地图数据　　遥感影像数据

建立数据库

布、地类型间的转移变化、分化重庆土地类型数量、

间和空间变化、时重庆耕地面积变化、

提取和耕地撂荒现状重庆市三县撂荒耕地

地块尺度耕地撂荒分析

乡镇尺度耕地撂荒分析

分析现有耕地未来撂荒风险

重庆耕地撂荒的影响因素

政策启示

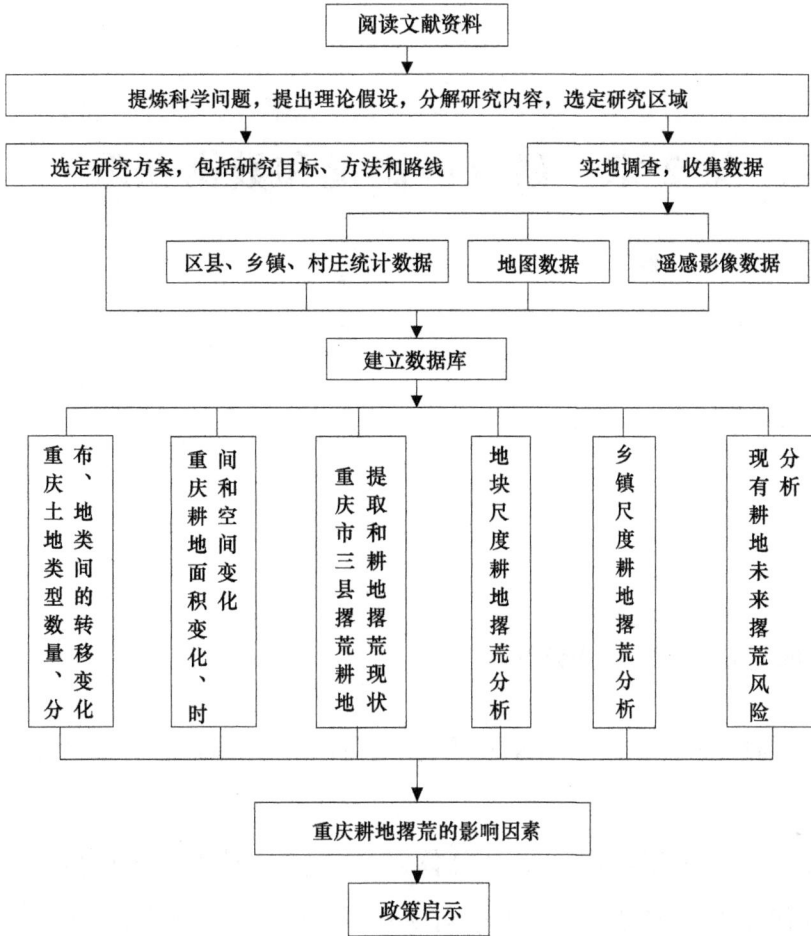

图 1-2　技术路线

第2章　研究区概况和数据获取

2.1　研究区选择

2.1.1　选择重庆市作为研究区的理由

(1)中国制造业或者劳动密集型产业正在向中西部转移,而重庆正在形成这样的产业中心

1998年国务院关于重庆市城乡总体规划的批复对重庆市的定位之一是"国家重要的现代制造业基地"。重庆已有部分产业和产品在全国乃至世界市场占有重要地位,如笔记本电脑、打印机等计算机终端设备制造,以及汽车、摩托车制造等,这些都在全球范围具有举足轻重的地位。目前重庆处于初始阶段与快速成长阶段的过渡期,已具备一定基础,有可能实现异军突起与跨越式发展的新兴产业或产品包括电动汽车、生物技术产业、医疗器械、楼宇设备、新能源和新材料等。

从另一方面看,重庆具有发展劳动密集型产业的诸多有利条件。首先,重庆最大的优势就是人力资源优势。随着经济全球化发展,发达国家和地区的产业转移形成了巨大的市场空间,同时一些发展中国家和地区也正式进入重庆发展的市场视野。在国际产业结构调整转移的过程中,重庆成为国际劳动密集型产业的新的栖身之所。其次,重庆资源丰富,无论是天然气、煤炭等能源资源,还是铝、锰等矿产资源,黄连等中药材资源,以及长江三峡、大足石刻等旅游资源,都堪称劳动密集型产业的"富矿"。

(2)2007 年重庆市被批准为全国统筹城乡综合配套改革试验区

重庆市是典型的城乡二元结构,城乡之间差距大,区域间发展不平衡,资源节约与环境保护任务繁重,叠加与集合了我国东部与西部现象,具有中国很多地区尤其是中西部省区相似的特征,是我国基本国情的缩影。与此同时,重庆作为直辖市,同时具有中等省的构架与欠发达省的特征,选其进行统筹城乡综合配套改革试验,不仅利于改善新兴直辖市的体制,也利于探索省级构架下的城乡统筹之路。在重庆进行统筹城乡改革试验,对全中国尤其是中西部地区统筹城乡发展具有典型意义。

(3)重庆市辖区内丘陵山地面积较大,耕地撂荒现象严重

重庆市地处四川盆地的东南部,其北部、东部与南部分别有大巴山、巫山、武陵山、大娄山环绕。地貌以丘陵、山地为主,坡地面积较大,有"山城"之称(图 2-1)。重庆幅员辽阔,面积为 8.24 万 km²,其中耕地面积为 3.22 万 km²,占比为 39.1%,但地势平缓的水田仅占 38.5%,旱地占比为 61.5%,而旱地中大部分又为坡耕地,地块破碎,难以大规模机械化作业,加之水土流失严重,耕地质量和耕作条件较差,在大量农民工外出务工背景下,耕地撂荒现象在重庆大部分区县极为普遍和严重。

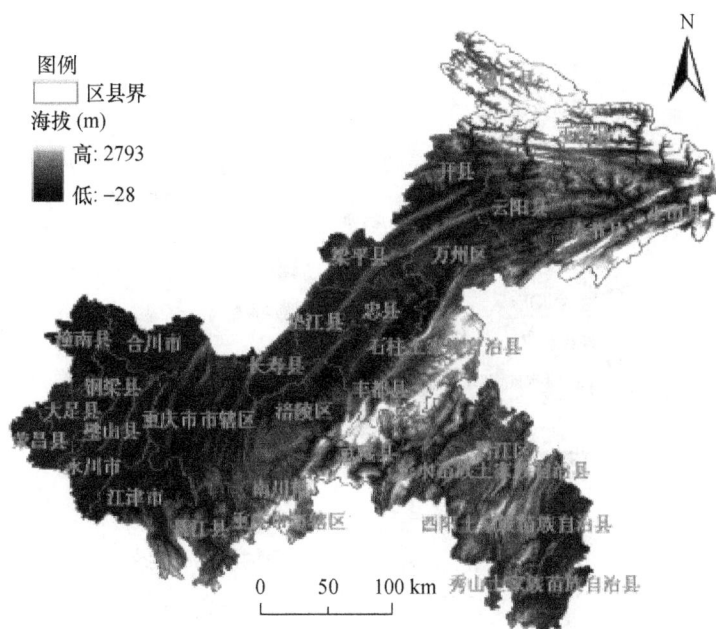

图 2-1　重庆市地形图

2.1.2　选择石柱、巫山和酉阳 3 县作为典型区的理由

2011 年 5 月、2012 年 4—7 月、2012 年 12 月,课题组先后 8 次赴重庆主城区及巫山、垫江、涪陵、武隆、酉阳、石柱等 6 个区县进行实地调研,先后走访了重庆市国土局、众多区县农业局、农业委员会、林业局、统计局、水务局等政府部门,收集了大量关于社会经济、国土资源环境、林业、水利等相关资料,与相关职能部门深入座谈。并深入走访了重庆 6 个区县约 25 个乡镇和 10 个村庄,实地调查了约 120 个耕地地块或撂荒耕地地块,并详细记录地块信息。与众多镇政府和村委会的领导干部、村民深入交流,了解当地农业生产情况。考察结束后课题组对各区县情况进行了详细的汇总、整理和讨论。

根据课题组前期对重庆市各区县的详细调研,再综合考虑重庆市 38 个区县的空间分布、各区县农业生产和耕地撂荒情况的区域差异,以及课题组前期在重庆多个区县的研究基础,认为石柱、巫山和酉阳三县基本能够代表和反映重庆市耕地撂荒的总体现状和特征,因此选择石柱、巫山和酉阳三县作为重庆市典型区(图 2-2(见文后彩插)、图 2-3)。

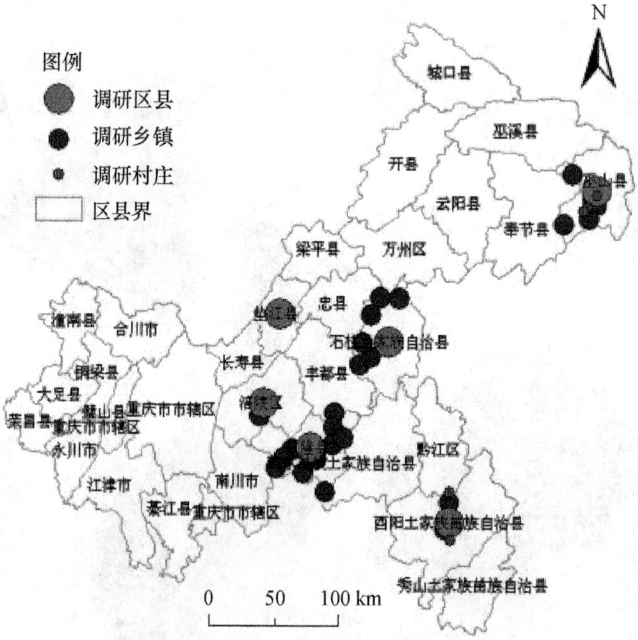

图 2-2　实地调研的主要区县、乡镇、村庄

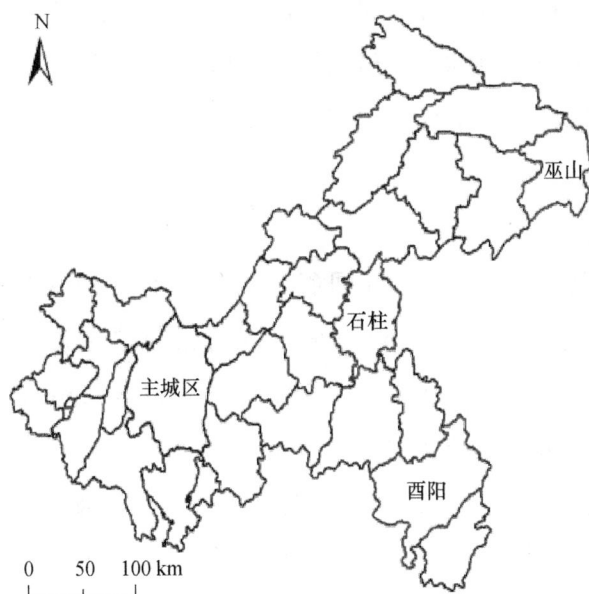

图 2-3　2011 年重庆市主城区以及巫山、石柱、酉阳三县的位置

2.1.3　重庆市概况

重庆,简称巴或渝,是中华人民共和国直辖市,地处中国西南,是中国国家中心城市、国家超大城市,世界温泉之都,国务院定位的国际大都市,长江上游地区的经济中心、金融中心,以及艺术、通信、科技、文化、教育等中心,中西部水、陆、空综合交通枢纽。重庆是中国重要的现代制造业基地,中国实行西部大开发重要的战略支点,国家统筹城乡综合配套改革试验区。历史悠久,国务院公布的第二批国家历史文化名城之一。因为重庆的地理环境,使得重庆多山多雾,故又有山城、雾都的别名。

截至 2017 年末,重庆市下辖 26 个区、8 个县、4 个自治县,以主城区为依托,各区、县(自治县)形状如同众星拱月,形成了大、中、小城市之间有机结合的网络化、组团式的现代城市群,是我国目前行政辖区人口最多、面积最大、管理行政单元最多的特大型城市。

2.1.3.1　自然环境概况

(1)位置

重庆位于中国内陆西南部、长江上游地区,地跨东经 $105°11'\sim110°11'$、北纬

28°10′～32°13′,长江中下游平原与青藏高原过渡地带。东邻湖北、湖南,南靠贵州,西接四川,北连陕西。辖区东西长约 470 km,南北宽约 450 km,土地总面积8.24 万 km²,为北京、天津、上海三市总面积的 2.39 倍,其中主城建成区面积为647.78 km²。

(2)气候

重庆市年均气温 16～18℃,长江河谷的云阳、綦江、巴南等地达 18.5℃以上,东南部的酉阳、黔江等地为 14～16℃,东北部海拔较高的城口仅为 13.7℃,最热月份平均气温为 26～29℃,最冷月平均气温为 4～8℃,采用候温法可明显地划分四季。重庆市年均降水量较丰富,大部分区域在 1000～1350 mm,降水主要集中在 5—9 月,占年降水量的 70%左右。重庆市年平均相对湿度在 70%～80%,在中国属高湿区。年日照时数 1000～1400 h,日照百分率低至 25%～35%,是全国年日照最少的地区之一,冬、春两季日照更少,仅为全年的 35%左右。重庆市主要气候特点可概括为:夏热秋凉,冬暖春早,四季分明,无霜期长;降水丰沛,空气湿润;日照时间短,太阳辐射弱;少霜雪,多云雾;光、温、水同季,立体气候显著,气候资源丰富,气象灾害频繁发生。

重庆气候温和,属于亚热带季风性湿润气候,重庆多雾,是由于重庆地理环境形成的,素有"雾重庆"之称。重庆年平均雾日是 104 天,有世界雾都之称的英国伦敦年平均雾日只有 94 天,远东雾都的日本东京也只有 55 天。重庆是名副其实的"雾都",而重庆璧山的云雾山全年雾日多达 204 天,堪称"世界之最"。

(3)水文

流经重庆的主要河流有长江、乌江、綦江、嘉陵江、大宁河、涪江、阿蓬江、酉水河等。长江干流自西向东横贯全境,流程长达 665 km,横穿巫山三个背斜,形成著名的瞿塘峡、巫峡和西陵峡(西陵峡位于湖北省境内),即举世闻名的长江三峡。嘉陵江在渝中区汇入长江,乌江在涪陵区汇入长江。

2.1.3.2 社会经济概况

(1)人口

2017 年,重庆市常住人口 3075.16 万,其中城镇人口 1970.68 万,占常住人口比重(常住人口城镇化率)为 64.08%。全年外出市外人口 482.31 万,市外外来人口 167.65 万。重庆人口以汉族为主体,此外有土家族、苗族、回族、满族、彝族、壮族等 55 个少数民族。其中土家族人口最多,其次为苗族,少数民族人口占重庆市人口的 5.8%。

(2)经济

重庆经济建设基本形成大农业、大工业、大交通、大流通并存的格局,是我国西南地区和长江上游最大的经济中心城市。

2017 年,重庆地区生产总值实现 19500 亿元,第一、第二、第三产业增加值分别为 1340 亿元、8597 亿元、9564 亿元,三次产业结构比为 7∶44∶49。按常住人口计算,全市人均地区生产总值达到 63689 元(9433 美元)。重庆耕地面积 162 万 hm^2,农用耕地开发度较高,农林牧副渔全面发展,是全国重要的粮食主产区、商品猪肉生产基地,全国著名的优质水果、榨菜、桐油、烤烟产地。2017 年,重庆实现农林牧渔业增加值 1364 亿元,其中,种植业 894 亿元,畜牧业 310 亿元,林业 62 亿元,渔业 74 亿元,农林牧渔服务业 24 亿元。2017 年,重庆粮食播种面积 3358 万亩,粮食总产量达 1167 万吨。

(3)旅游

具有 3000 多年悠久历史的重庆旅游资源极为丰富,既拥有集山、水、林、泉、洞、峡、瀑等为一体的壮丽自然景色,又拥有融巴渝文化、民族文化、陪都文化、移民文化、三峡文化、都市文化于一炉的浓郁文化景观。其中,自然风光主要以长江三峡闻名于世。全市共有自然、人文景点 300 多处,其中有世界文化遗产 1 处(大足石刻),世界自然遗产 1 处(重庆武隆喀斯特旅游区),全国重点文物保护单位 13 个,国家级自然保护区 4 个,国家重点风景名胜区 6 个,国家地质公园 6 个,国家森林公园 24 个。具有国家环保模范城市、国家优秀旅游城市、国家园林城市等称号。

2.1.4　石柱县概况

石柱土家族自治县位于重庆市东部、长江南岸、三峡库区腹心地带,地处东经 107°59′~108°34′,北纬 29°39′~30°32′,是集少数民族自治县、三峡库区淹没县、国家扶贫工作重点县于一体的特殊县。东接湖北省利川市,南邻彭水县,西南靠丰都县,西北连接忠县,北与万州区接壤。石柱县管辖 32 个乡镇,总人口 54 万,全县土地面积 3012 km^2,其中耕地面积 45 万亩,森林 173 万亩。石柱县属于巫山大娄山中山区,方斗山、七曜山两大山脉平行排列斜贯全境,形成两道天然屏障,横亘南北,具有"两山夹一槽"的特殊地貌。地势西北低、东南高,呈起伏状下降。海拔最低119 m,最高1934 m。境内以低山和中山为主,兼有平原和丘陵,属于亚热带季风性湿润气候,年均温16.5℃,年均降水量1103 mm。立体气候明显,灾害性天气频繁;土壤以中性和微酸性黄壤、黄棕壤、紫色土、水稻土为主;水系除长江外,流域面积在50 km² 以上的河流有34条;植被属亚热带常绿阔叶林和落叶阔叶林区,以马尾松、杉木为主,森林覆盖率52.8%。

2.1.5　巫山县概况

巫山县位于重庆市东北部,三峡库区核心,素有"渝东门户"之称,地跨长江巫峡两岸,西接奉节县,东邻湖北省巴东县,北与巫溪县及神农架林区接壤,南与湖北省建始县毗连。县城位于大宁河与长江交汇处,县城距三峡大坝124 km,上溯重庆480 km,东下宜昌167 km。介于东经108°18′~109°11′,北纬30°45′~32°28′,最低海拔156 m,最高海拔2680 m(太平山)。县境东西最大长度61.2 km,南北最大长度80.3 km,总面积2958 km²,耕地面积60.4万亩。巫山地形十分复杂,南北高、中间低,峡谷幽深,岩溶发育,山地面积占96%,丘陵平坝占4%。巫山县辖25个乡镇308个村30个居委会,总人口62.4万。共有20个少数民族,少数民族人口6839人。

巫山县是移民大县,也是三峡工程重庆库区首淹首迁县,按三峡工程正常蓄水位175 m方案,全县将淹没陆地面积49.3 km²,涉及14个乡镇60个村,淹没县城1座、建制镇1座、乡级镇6座、场镇2个、工矿企业48家,须动迁人口9.1万人,占全县总人数的15%,农村移民生产安置4.9万人。

2.1.6　酉阳县概况

酉阳土家族苗族自治县地处渝东南边陲的武陵山区,渝、鄂、湘、黔四省(市)在此接壤,是渝东南重要门户。酉阳县位于东经108°18′~109°19′,北纬28°19′~29°24′,县境东西宽98.3 km,南北长119.7 km,辖区面积5173 km²,是重庆市面积最大的县。酉阳县辖39个乡镇,人口73万,其中土家族44.5万人,苗族16.5万人,还有满、彝、回、黎等16个民族,少数民族人口占全县总人口的83.6%,是土家族和苗族的主要聚居地。全县以山地为主,西界为乌江。最高峰为龙头山,海拔 1697m。

县境属武陵山中山区,地势表现为中部高、东西两侧低。地貌类型主要有中山、低山、槽谷和平坝,素有"八山半水一分半田"之喻。酉阳县区位条件优越,渝怀铁路纵贯酉阳直达东南沿海,成为西南出海大通道,渝湘高速公路 2010 年建成通车,3 小时可达重庆、4 小时可达长沙,酉阳成为两个都市圈的"郊区"。境内路网密集,国道 319 线纵贯全境,四条出境干道与湖南龙山、湖北来凤、贵州沿河、重庆彭水相同,40 分钟可达黔江舟白机场,2 小时可达贵州铜仁大兴机场,与外界的连接便捷畅通。

2.2　数据获取

2.2.1　矢量化地图数据

2002 年重庆市石柱、巫山和酉阳 3 县 dwg 格式 1∶1 万地形图来源于 3 县林业局;2011 年石柱县耕地解译图来源于重庆师范大学;2011 年重庆市巫山和酉阳两县 1∶1 万 shp 格式土地利用现状图来源于两县国土局。2002—2006 年退耕还林和 2008—2011 年森林工程图来源于 3 县林业局。地形图主要用于提取 2002 年耕地信息;现状图主要用于提取 2011 年耕地信息。矢量化地图数据主要用于石柱、巫山、酉阳 3 县撂荒耕地的提取和地块尺度耕地撂荒影响因素的分析,矢量化地图数据也是本研究最基础的数据。

2.2.2　统计数据

包括《石柱县农村经济情况统计表》(2002 年、2011 年)、《巫山县农村经济情况统计表》(2002 年、2011 年)和《酉阳县农村经济情况统计表》(2002 年、2011 年)等。统计数据来源于石柱、巫山、酉阳 3 县的农业委员会,统计数据主要用于乡镇尺度耕地撂荒影响因素的分析。

2.2.3　中国科学院资源环境科学数据中心数据

该数据库是以 Landsat-TM 遥感影像为主要数据源(TM 数据未有效覆盖的区域,利用中巴地球资源 2 号卫星(CBERS-2)中的 CCD 数据进行补充),采用计算机屏幕人机交互直接判读(人工解译)的方法提取土地利用信息。统一的土地利用类型分类体系包含 6 个一级地类和 25 个二级地类。6 个一级地类分别为耕地、林地、水域、草地、城乡工矿居民用地与未利用土地。作者分别申请了 1997 年和 2010 年两期重庆市土地利用现状数据,主要用于分析重庆土地利用分布现状与 21 世纪前十年间土地利用结构变化,并根据研究需要对 25 个二级地类进行了调整与合并。

2.2.4　SPOT-5 影像数据

1986 年法国成功发射第一颗 SPOT 卫星(SPOT-1),1990 年再发射第二颗 SPOT-2 卫星。1993 年 SPOT-1 停止使用,9 月底成功发射 SPOT-3 卫星,但不幸于 1996 年 11 月失去联络,随后 SPOT-1 重新启用。SPOT-4 卫星于 1998 年 3 月发射升空。SPOT-5 卫星于 2002 年发射升空,它具有前几颗卫星不可比拟的优势,全色分辨率增至 2.5 m,多光谱为 10 m。SPOT-5 相比于 SPOT1~4 卫星,星上主载做了重大改进,除了前面几颗卫星上的高分辨率几何装置(HRG)和植被探测器(Vegetation)外,SPOT-5 更有一个高分辨率立体成像(HRS)装置,能获取 120 km×120 km 的全色影像。它使用 2 个相机沿轨道方向(一个向后,一个向前)实时获取立体图像,较之旁向立体成像模式(轨道间立体成像)而言,SPOT-5 几乎能在同一时间和同一辐射条件下获取立体像对。SPOT-5 卫星影像专业制图比例尺为 1∶2.5 万,概览成图比例尺极限为 1∶1 万。

SPOT-5 影像数据来源于重庆林业规划院,主要用于提取 2011 年石柱县耕地信息。

2.2.5　Google Earth 影像

谷歌地球(Google Earth,GE)是一款 Google 公司开发的虚拟地球仪软件,它将卫星照片、航空照相与 GIS 布置在一个地球的三维模型上。Google Earth 于

2005 年向全球推出，被《PC 世界杂志》评为 2005 年全球 100 种最佳新产品之一。每位用户可通过一个下载到自己电脑上的客户端软件，免费浏览全球各地的高清卫星图片。Google Earth 上的全球地貌影像的有效分辨率最低为 100 m，通常为 30 m（如中国大陆），视角海拔高度（Eye alt）为 15 km 左右（即宽度为 30 m 的物品在影像上就有一个像素点，再放大就出现马赛克了），但针对大城市、建筑物区域、著名风景区会提供分辨率为 1 m 和 0.5 m 左右的高精度影像，视角海拔高度（Eye alt）分别约为 500 m 和 350 m。提供高精度影像的城市主要集中在欧洲和北美，其他地区大多是首都或者极重要城市才提供。中国大陆有高精度影像的区域众多，几乎覆盖所有大城市。另外，大坝、桥梁、油田、港口码头、军用机场与高速公路等也是 Google Earth 重点关照对象。

经证实，Google Earth 影像能够覆盖重庆市石柱、巫山和酉阳 3 县的大部分区域，影像分辨率大部分能够达到 1m 左右，图像清晰，绝大多数撂荒耕地图斑可以识别判断。

2.2.6　其他数据

石柱、巫山和酉阳 3 县数字高程模型图（DEM，分辨率 30 m）与坡度图（SLOPE，分辨率 30 m）来源于地理空间数据云网站，主要用于耕地地块和撂荒耕地地块高程、坡度信息的提取和计算。

第 3 章　重庆市土地利用的结构及其变化

本章主要借助遥感调查数据,了解重庆市土地利用的结构现状、耕地总体的结构情况、旱地和水田的空间分布、1997—2010 年间土地利用结构的变化、各种土地类型相互间的转移、耕地结构的变化等,以期对重庆市土地利用尤其是耕地利用情况有一个基本的了解。

本章研究数据来源于中国科学院资源环境科学数据中心,数据采用土地利用变化遥感信息人机交互快速提取方法,解译 2010 年覆盖中国重庆的 Landsat TM 数字影像,更新 2005 年重庆土地利用数据库,建成了 2010 年重庆 1∶10 万比例尺土地利用数据库。经野外调查资料与外业实地记录,按照 10％县数比例随机抽取开展精度验证。土地利用一级类型综合评价精度达到 94.3％以上,二级类型分类综合精度达 91.2％以上,能够满足 1∶10 万比例尺用户制图精度(刘纪远等,2014)。

3.1　重庆市土地利用结构的现状分析

3.1.1　重庆市土地利用结构现状

根据 2010 年中国科学院资源环境科学数据中心数据,重庆市土地总面积为823.9 万 hm²。为了便于对重庆不同土地利用类型之间的比较,参照全国农业区划委员会《全国土地利用现状分类》,将重庆的土地利用类型划分为 8 大地类,即耕地、园地、林地、牧草地、水域、交通用地、居民点及工矿用地、未利用土地。分析可得,重庆土地利用类型中面积最大的为林地,面积为 448.3 万 hm²,占重庆土地总面积的

54.42%;其次为耕地,面积 321.5 万 hm²,占比 39.02%;牧草地面积 21.1 万 hm²,占比 2.56%;居民点及工矿用地面积为 9.2 万 hm²,占比 1.46%;水域面积 15.6 万 hm²,占比 1.90%;园地面积占比仅为 0.62%,未利用地在重庆几乎不存在(图 3-1)。

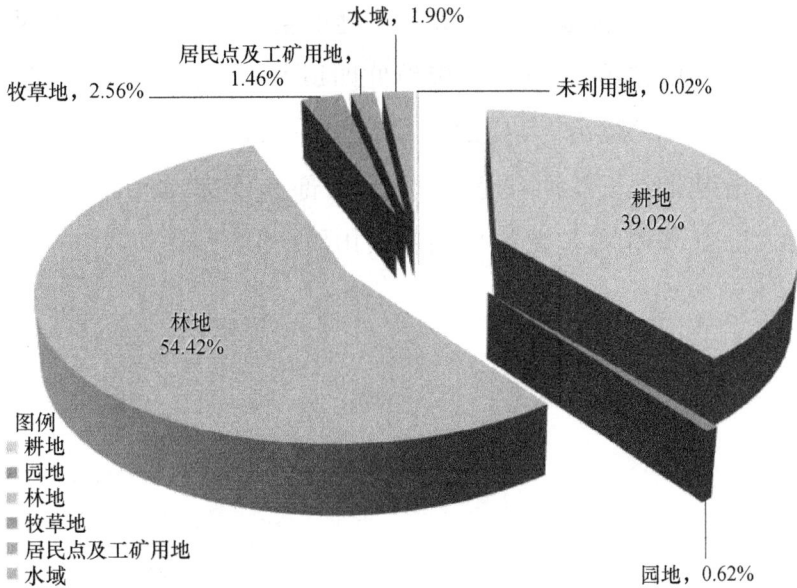

图 3-1　2010 年重庆市土地利用结构

(数据来源:中国科学院资源环境科学数据中心;其中,交通用地占比仅 0.007%,并入居民点及工矿用地,下同)

3.1.2　重庆市耕地现状

2010 年,重庆耕地面积为 321.5 万 hm²,占重庆土地面积的 39.02%。将耕地类型划分为旱地和水田 2 种类型,其中旱地面积 197.7 万 hm²,占耕地总面积的 61.5%,水田面积 123.8 万 hm²,占比为 38.5%(图 3-2)。

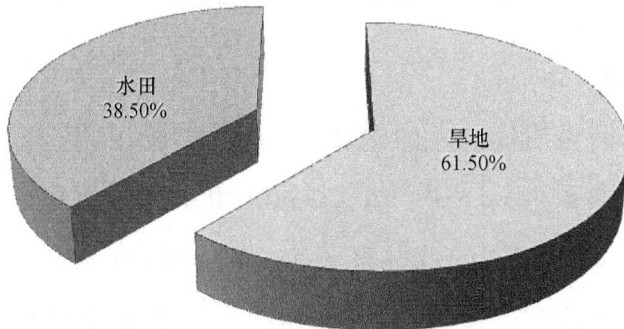

图 3-2　2010 年重庆市耕地结构

3.1.3 重庆市耕地空间分布特征

3.1.3.1 耕地分布

如图 3-3 所示(见文后彩插),重庆市耕地的空间分布为中部和西部明显多于东部,这主要是受到地形的影响。重庆地处四川盆地东南部,其北部、东部及南部分别有大巴山、巫山、武陵山、大娄山环绕。地貌以丘陵和山地为主,坡地面积较大。重庆地势由南北向长江河谷逐级降低,西部和中部地区以丘陵和低山为主,东北部靠近大巴山、东南部连武陵山两座大山脉(图 2-1)。

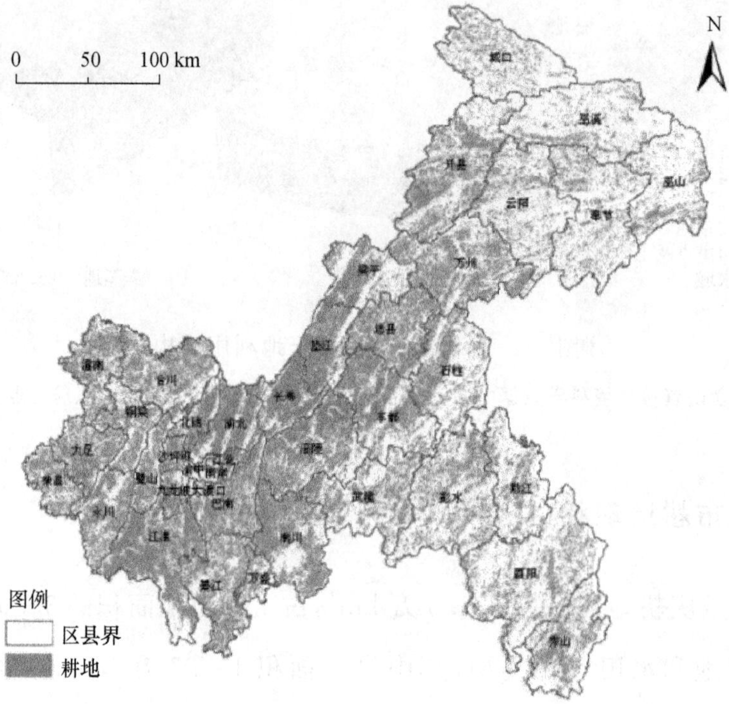

图 3-3 2010 年重庆市耕地分布

3.1.3.2 水田分布

水田是重庆市耕地质量最好的地类,如图 3-4 所示,重庆市水田面积最大的是江津区,水田面积 11.88 万 hm²,占重庆市水田总面积的 8.67%,其次是涪陵区,水田面积 8.21 万 hm²,占重庆市水田面积的 5.99%;水田面积最小的是大渡口区,水田面积是 0.12 万 hm²,仅占重庆市水田总面积的 0.09%,其次是巫溪县,水田面积为 0.22 万 hm²,占重庆市水田总面积的 0.16%。这两个区县水田面积小的主要原因是,大渡口区位于重庆主城区,而且其本身土地面积就很小,巫溪县位于重庆较偏远的东北部,地势也最高。整体而言,重庆市水田的空间分布和耕地的空间分布基本一致,水田面积中西部多,东部少(图 3-4,见文后彩插)。

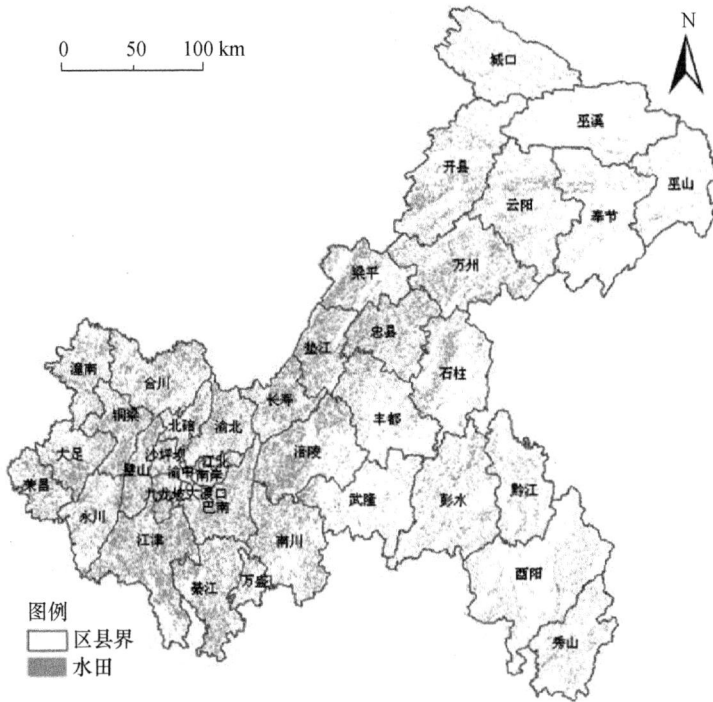

图 3-4　2010 年重庆市水田分布

3.1.3.3　旱地分布

如图 3-5 所示(见文后彩插),重庆市旱地面积最大的为丰都县,12.79 万 hm²,占重庆市旱地总面积的 5.79%,其次为开县,面积 12.03 万 hm²,占比5.45%。旱地面积最小的为大渡口区,面积为 0.22 万 hm²,占比仅为0.10%,其次是南岸区,面积为 0.80 万 hm²,占比 0.36%,这主要是因为这两个区都属于重庆市主城区,而且本身土地面积就很小。相对于重庆市耕地和水田的分布特点而言,旱地在各区县的分布相对较为平均,因为旱地对地势的要求远低于水田。

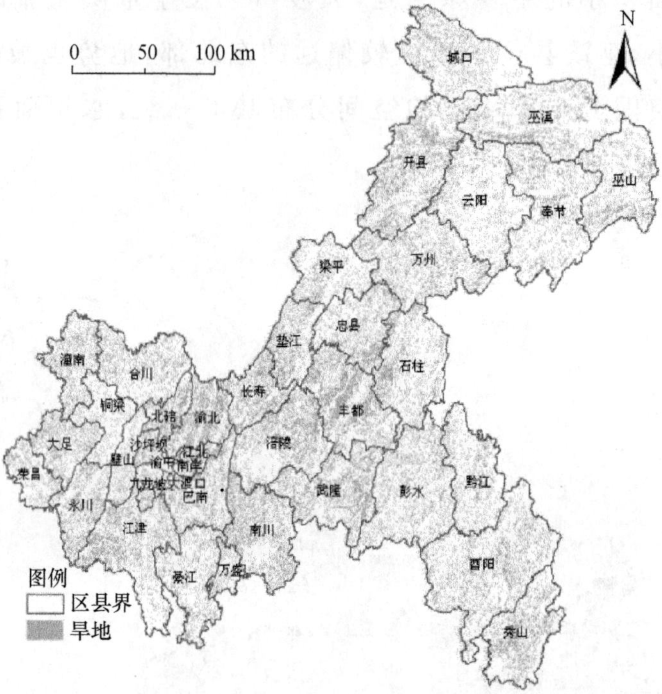

图 3-5　2010 年重庆市旱地分布

3.2　1997—2010 年重庆市土地利用结构变化

　　如表 3-1 所示,1997—2010 年期间,耕地转出总面积 23238 km²,为 1997 年耕地面积的 51.66%。其中,耕地转为林地面积 20399.7 km²,占耕地转出总面积的 87.79%,可见耕地转出的土地类型绝大部分为林地;耕地转为牧草地、水域、居民点及工矿用地 3 种地类的占比均不足 4%;耕地转为园地占比为 1.33%(图 3-6)。1997—2010 年期间,林地面积由 29580.1 km² 增至 43996.3 km²,增幅为 49%。其中耕地转为林地面积 20399.7 km²,占转入林地总面积的 86.45%。牧草地转入林地占比为 6.97%,居民点及工矿用地转入林地占比为 2.56%,园地和水域转入林地占比均为 1% 左右,未利用地转入林地占比为 1.91%(图 3-7)。

表 3-1 1997—2010 年重庆市土地利用类型转移变化面积(km²)

1997 年 ＼ 2010 年	耕地	园地	林地	牧草地	居民点及工矿用地	水域	未利用地	总计
耕地	21746.4	308.5	20399.7	805.0	805.4	913.2	5.7	44983.9
园地	237.9	56.4	251.2	13.6	14.4	40.5	0.1	614.1
林地	7824.0	72.6	20400.1	944.6	113.4	218.2	7.3	29580.1
牧草地	608.3	18.5	1643.3	268.1	6.3	41.6	1.4	2587.4
居民点及工矿用地	707.3	17.6	604.5	36.7	191.7	76.6	0.3	1634.6
水域	350.0	24.2	247.9	17.7	55.7	224.9	0.4	920.9
未利用地	295.3	7.2	449.6	18.2	10.0	27.3	0.1	807.7
总计	31769.1	504.9	43996.3	2103.9	1196.9	1542.3	15.3	81128.7

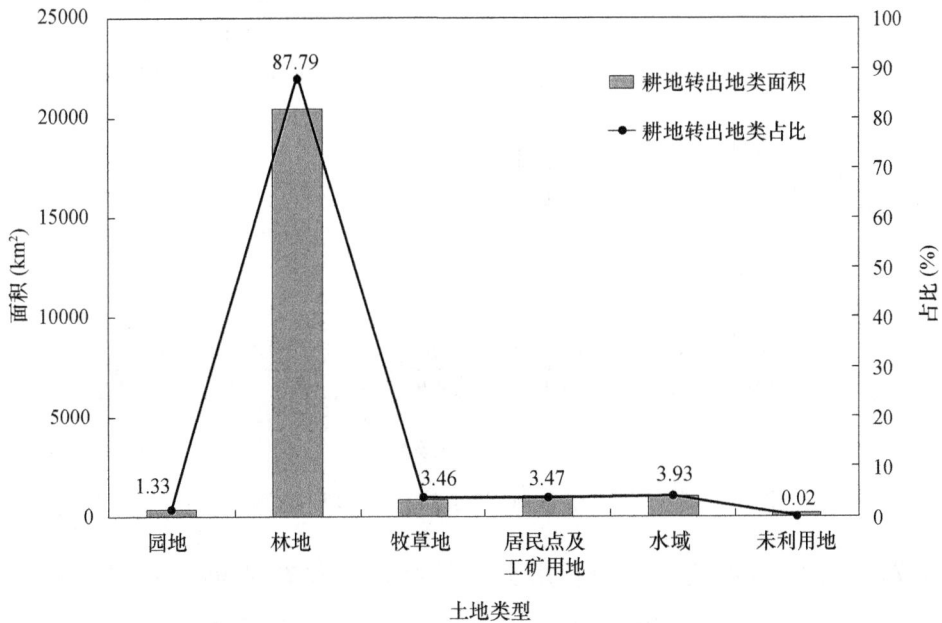

图 3-6 1997—2010 年重庆市耕地转出的土地类型

    1997—2010 年,重庆市的土地利用结构发生了较大的变化。其中变动幅度最大的为林地,1997 年重庆市的林地面积占土地总面积的 34.46%,至 2010 年增至 54.23%,增幅为 19.27%;耕地占比从 1997 年的 55.45%降至 2010 年的 39.16%,减幅为 16.29%;牧草地占比从 3.19%锐减至 0.02%,牧草地几乎全部转为林地、耕地等地类;而园地、居民点及工矿用地等其他地类变幅相对较小(图 3-8)。

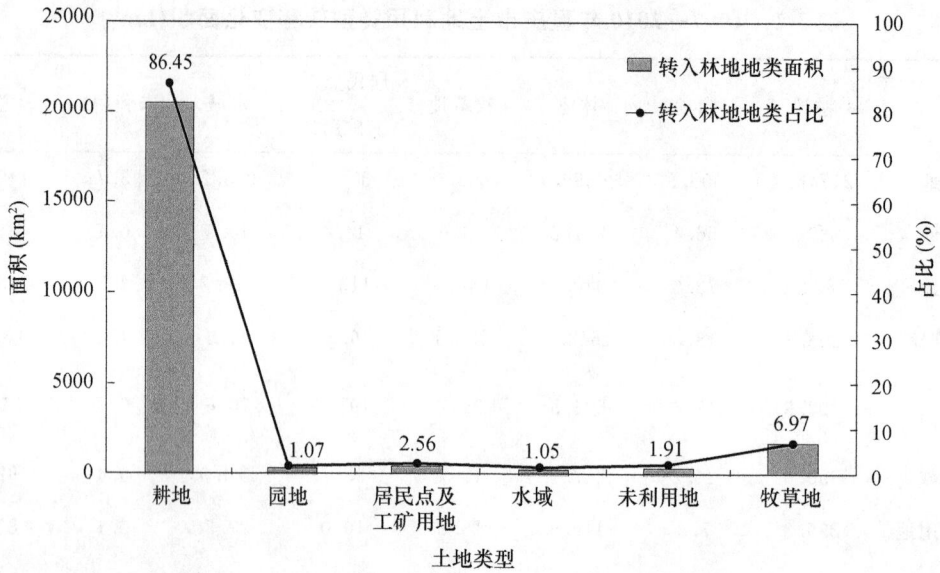

图 3-7　1997—2010 年重庆市转入林地的土地类型

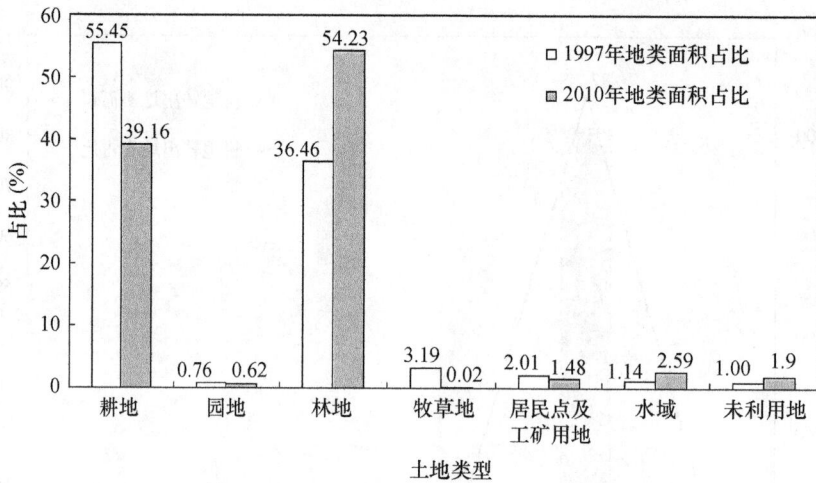

图 3-8　1997 年和 2010 年重庆市土地利用类型占比

　　1997—2010 年,重庆市土地利用类型的结构不仅在数量上变化显著,在空间分布方面也发生了较大变化。1997 年重庆市有耕地面积 44983.9 km²,到 2010 年时有 20399.7 km² 转为林地,占 1997 年重庆耕地面积的 45.35%,接近一半,如图 3-9 所示(见文后彩插),耕地转为林地地类的区域广泛分布,遍布重庆各区县,主要集中分布区位于重庆中部偏北和西部地区。耕地转为牧草地的土地类型集中分布于重庆东北部,耕地转为居民点或工矿用地的土地类型主要集中分布于重庆西部的主城区内,这主要归因于重庆市区建设用地的迅速扩张而占用耕地。其他土地类型之间的转移在数量和空间分布上都相对较小。

图例
- 重庆市界线
- 耕地转为林地
- 耕地转为牧草地
- 耕地转为荒地
- 耕地转为居民点或工矿用地

N

0　　55　　110 km

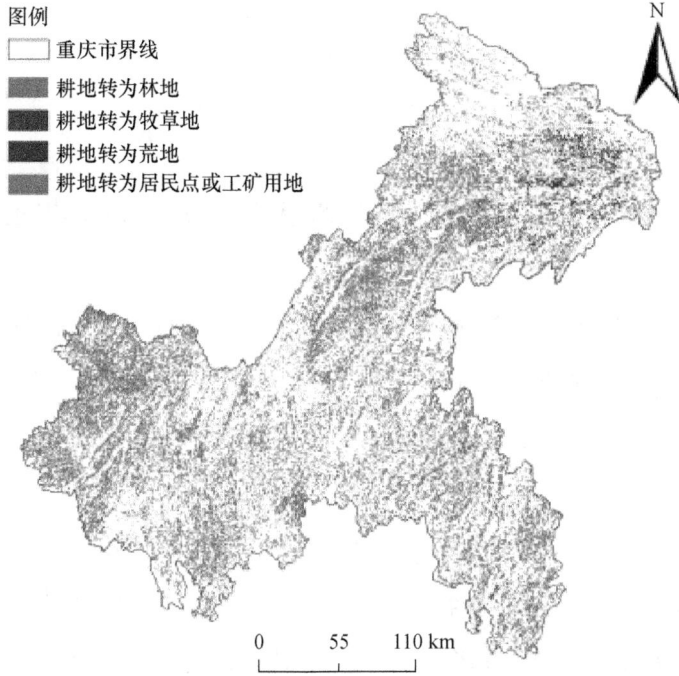

图 3-9　1997—2010 年重庆市耕地转出地类的区域分布

1997—2010 年,重庆市耕地的变化趋势是显著减少,耕地从 1997 年的 458.7 万 hm² 减至 2010 年的 321.5 万 hm²,减幅为 30%。其中,旱地 1997 年为 295.3 万 hm²,至 2010 年时为 197.7 万 hm²,减幅为 33%;水田 1997 年为 163.4 万 hm²,至 2010 年时为 123.8 万 hm²,减幅为 24%(图 3-10)。

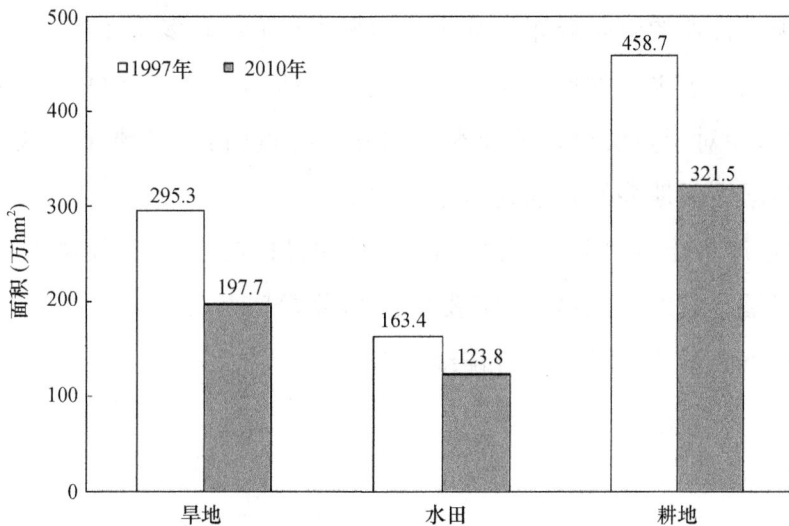

图 3-10　1997—2010 年重庆市耕地数量变化

3.3 小结

本章分析了重庆市 2010 年土地利用现状和 1997—2010 年土地利用结构变化。结论如下。

(1)2010 年,重庆市土地总面积为 823.9 万 hm^2。8 类土地利用类型中面积最大的为林地,占重庆土地总面积的 54.41%;其次为耕地,面积 321.5 万 hm^2,占比 39.02%;耕地类型中,旱地占耕地面积的 61.5%,水田占比为 38.5%。

(2)1997—2010 年,耕地转出总面积为 23237.5 km^2,占 1997 年耕地面积的 51.66%。其中,耕地转出的土地类型中绝大部分为林地,耕地转为林地面积占耕地总转出面积的 87.79%。耕地转为园地占比为 1%,耕地转为居民点及工矿用地占比为 2%;耕地转为草地占比为 2%;耕地转为荒地占比仅为 0.01%。

(3)1997—2010 年,重庆市耕地的变化趋势是减少的,耕地从 1997 年的 458.7 万 hm^2 减至 2010 年的 321.5 万 hm^2,减幅为 30%。其中旱地减幅为 33%,水田减幅为 24%。

(4)1997—2010 年,林地面积由 29580.1 km^2 增至 43996.3 km^2,增幅为 49%。林地增长部分绝大多数为耕地转入,耕地转为林地面积占转入林地总面积的 86.49%。

(5)重庆市耕地的空间分布特征为,中部和西部明显多于东部,这主要是由于地形的影响;重庆市水田的空间分布和耕地的空间分布是一致的,水田面积中西部多,东部少;相对于重庆市耕地和水田的分布特点而言,旱地在各区县的分布较为平均,因为旱地对地势的要求远低于水田。

通过对重庆市土地利用现状及结构变化的研究发现,撂荒耕地地块面积较小,在陆地卫星影像上很难区分,需要用更高分辨率影像和更大比例尺专题图进行详细调查,下面章节将对此进行详细研究。

第 4 章　重庆市典型县撂荒耕地提取与耕地撂荒状况

　　耕地撂荒现象在国际和国内众多区域都有分布,而且近年来有愈演愈烈的趋势,但国内关于耕地撂荒的研究多在宏观的理论层面,如耕地撂荒的现象、机制和对策等,但关于耕地撂荒的规模和具体的数据很少有组织或个人能够给出(Shi et al,2016)。根据作者所在课题组前期的农户调查发现,重庆市山区耕地撂荒现象自 20 世纪 90 年代中期开始增多。特别是 2000 年后,撂荒耕地面积增加较快。因此,本章选取 2002—2011 年为研究时段,从区域层面上通过撂荒地块的普查了解撂荒的规模和分布。2011 年完成的第二次土地利用调查数据的比例尺较大(1∶1 万),并且基于 SPOT 影像人工制图,为可靠的数据源,可作为现状耕地分布的图层。对于 21 世纪 00 年代初期的情况,我们获取了 2002 年的普通地形图。该图比例尺较大(1∶1 万),地物以耕地、林地、道路、房屋等为主,其中耕地的地块信息详尽、界线清晰,可作为 2002 年耕地分布的图层。两期图层叠加,可得 2002—2011 年退出耕作的耕地地块分布图。上述步骤得到的放弃耕作的耕地,含 2002—2011 年间参与退耕还林的耕地。鉴于本书所研究的对象为农户自愿弃耕的耕地,需要将这部分耕地剔除。我们获取了重庆市石柱、巫山、酉阳 3 县的退耕还林图和森林工程图,该图的比例尺较大(1∶1 万),包含村名、树种、种植年份、小斑编号、保存率等信息,可与两期耕地图层叠加使用,以剔除因参与退耕还林或其他植树造林工程的耕地。

　　目前,重庆市共计有 38 个区县,根据区县的空间分布,本章分别选取东北部的巫山县、东部的石柱县和东南部的酉阳县作为研究区,提取 3 个县的撂荒耕地地块,以此来分析重庆市的耕地撂荒状况。

4.1 重庆市撂荒耕地提取过程

4.1.1 撂荒耕地提取方法及过程

撂荒耕地地块的提取过程如图 4-1 所示。

4.1.1.1 提取 2002 年地形图内的耕地图斑

收集到的 2002 年石柱、巫山和酉阳 3 个县的地形图比例尺为 1∶1 万,格式为 shp 和 dwg 两种,但 shp 格式的地图包括耕地图斑在内的所有多边形全部是不闭合的、线状的(图 4-2),无法直接使用。因此,首先需要依据 dwg 格式耕地底图将 shp 格式的耕地图斑转为闭合的,即线状转为面状。从而提取 3 个县 2002 年的耕地图层。这是提取撂荒耕地的关键一步,也是工作量最大的一个环节。

4.1.1.2 提取 2011 年现状图耕地图斑

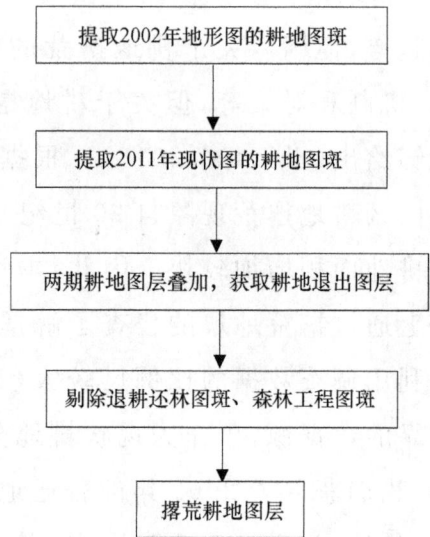

图 4-1   撂荒耕地提取技术路线

2011 年的石柱、巫山和酉阳 3 个县的土地利用现状图全部为 shp 格式,比例尺为 1∶1 万,地类图斑全部闭合,可以直接使用。利用 ArcGIS 软件从现状图中提取旱地和水田图斑,即得到 3 个县 2011 年的耕地图层。

4.1.1.3 两期耕地图层叠加,获取耕地退出图层

提取出来的 3 个县 2002 年和 2011 年耕地图层(图 4-3、图 4-4)的比例尺都为 1∶1 万,投影采用的都是 Xian_1980,可以将两个图层直接叠加(图 4-5),因 2002 年耕地面积大于 2011 年耕地面积,耕地总体趋势是减少的,两个图层叠加后肯定不完全重合。因此,提取未重叠部分,即得到耕地退出图层。两期耕地图层叠加后会出现一些“零碎图斑”,其中小于 10 m^2 的图斑数量上万,平均面积仅为 2.03 m^2,在两期图的误差范围以内,面积仅占撂荒耕地总面积的 0.03%,这样的图斑

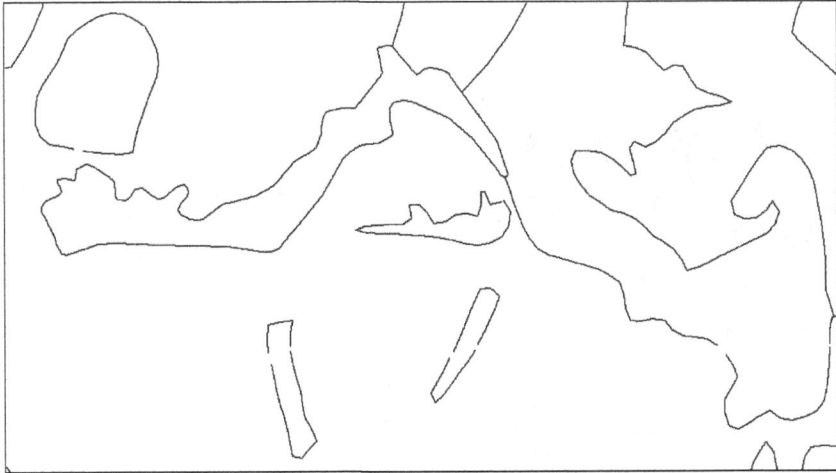

图 4-2　2002 年酉阳县地形图中的耕地图斑局部放大

在野外考察时很难找到,几乎不存在,对撂荒耕地分析的结论基本没有影响,所以选择将面积小于 10m² 的撂荒耕地图斑剔除。

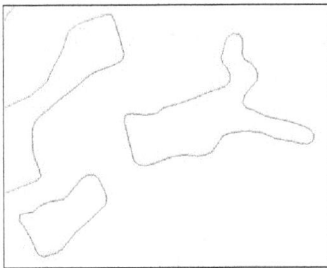

图 4-3　2002 年酉阳县耕地图斑局部放大

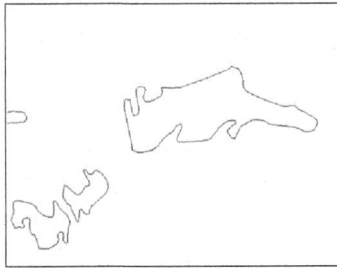

图 4-4　2011 年酉阳县耕地图斑局部放大

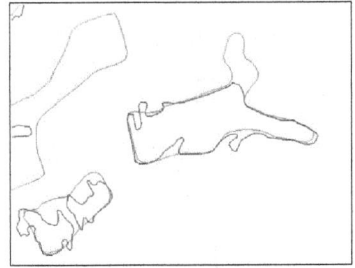

图 4-5　酉阳县 2 期耕地图斑叠加局部放大

收集到的石柱、巫山和酉阳 3 个县的退耕还林图和森林工程图(图 4-6)的比例尺都是 1∶1 万,是 wp 格式的。首先用 AutoCAD 软件将其转换为 shp 格式,并选择与上述耕地图层相匹配的投影,然后和耕地退出图层叠加,并剔除退耕还林和森林工程图斑。

4.1.1.4　获取撂荒耕地图层

经过提取重庆市石柱、巫山和酉阳 3 个县的 2002 年耕地图层、2011 年耕地图层,以及两个耕地图层叠加获取耕地退出图层、剔除退耕还林和森林工程图斑等 4 个步骤(图 4-1),即得到 3 个县的撂荒耕地分布图层(图 4-7~图 4-9)。本章将耕地分为旱地和水田两种类型,所以撂荒耕地分布图又可分为撂荒旱地分布图和撂

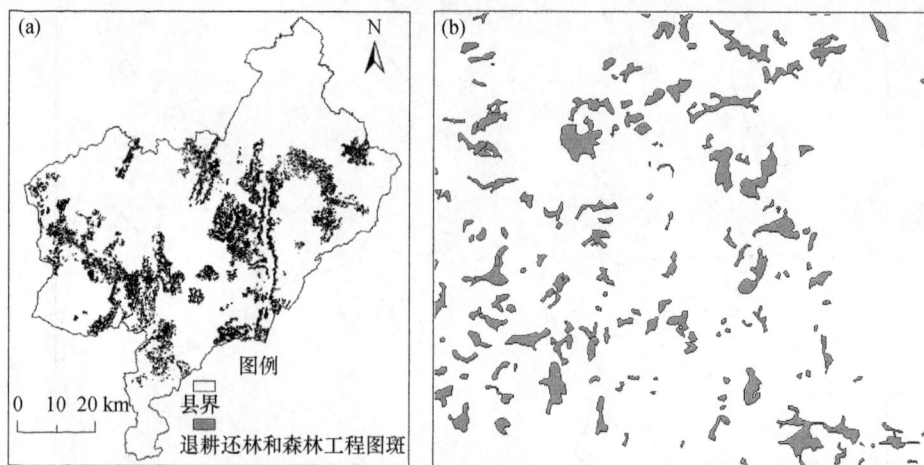

图4-6　酉阳县退耕还林和森林工程分布及局部图斑放大

(a)退耕还林和森林工程分布;(b)退耕还林和森林工程图斑局部放大

荒水田分布图两部分。从重庆3个县的撂荒旱地图和撂荒水田图的对比明显看出,撂荒旱地的分布区域和数量都远远大于撂荒水田(图4-10~图4-12),主要因为水田的质量和产量一般都远高于旱地,即使在劳动力析出等背景下发生耕地撂荒,水田撂荒的概率也远小于旱地。

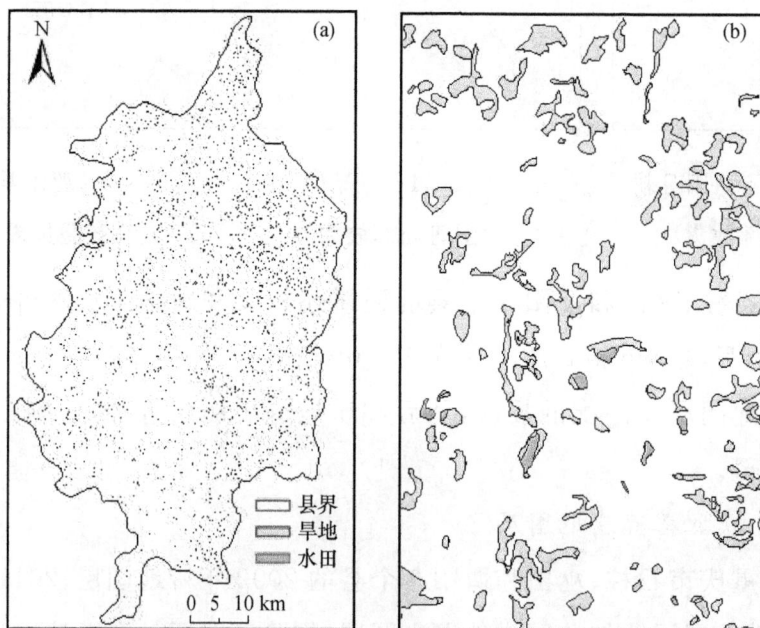

图4-7　2011年石柱县撂荒耕地分布及撂荒耕地图斑局部放大

(a)撂荒耕地分布;(b)撂荒耕地图斑局部放大

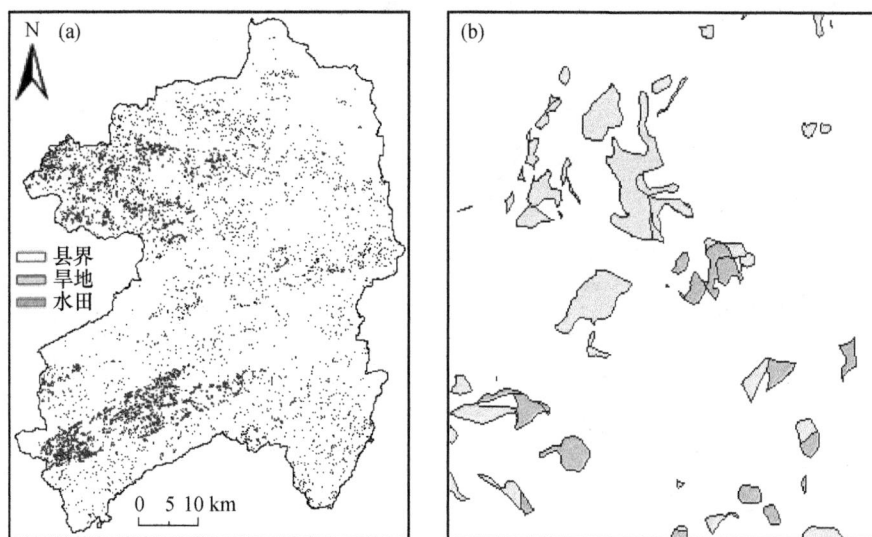

图 4-8　2011 年巫山县撂荒耕地分布及撂荒耕地图斑局部放大

(a)撂荒耕地分布;(b)撂荒耕地图局部放大

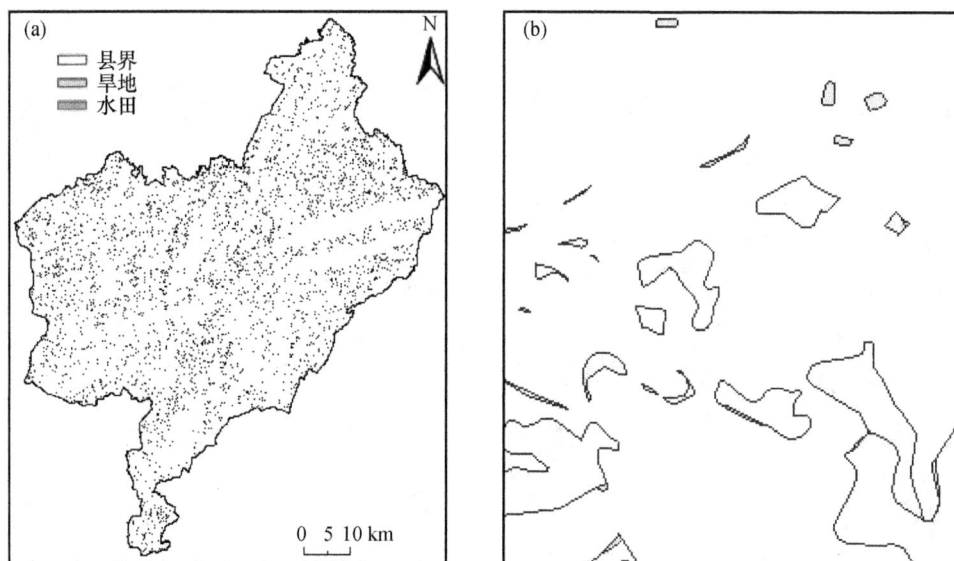

图 4-9　2011 年酉阳县撂荒耕地分布及撂荒耕地图斑局部放大

(a)撂荒耕地分布;(b)撂荒耕地图局部放大

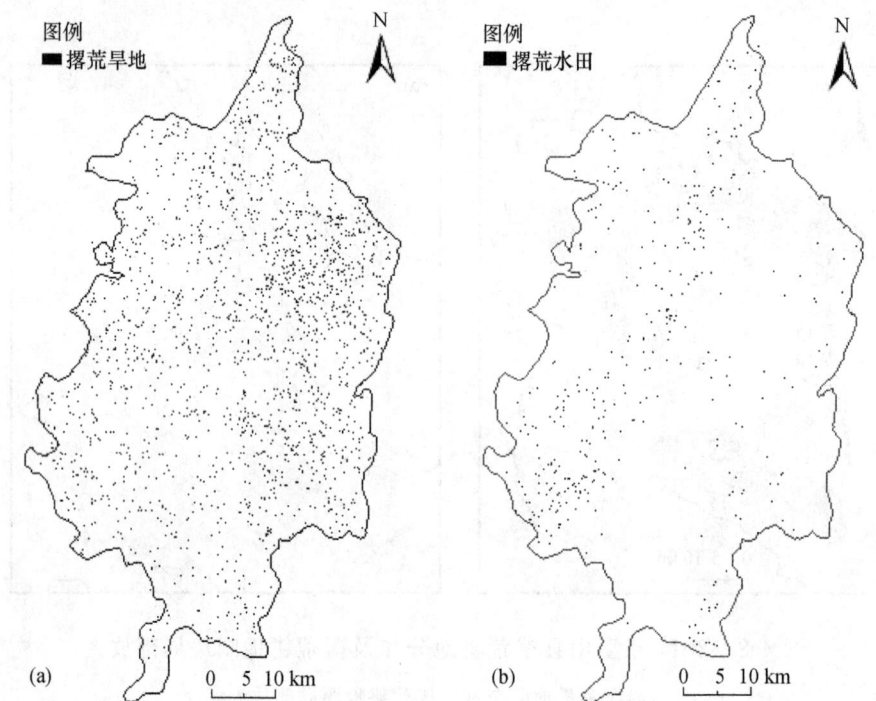

图 4-10　石柱县撂荒旱地及撂荒水田分布

(a)石柱县撂荒旱地分布；(b)石柱县撂荒水田分布

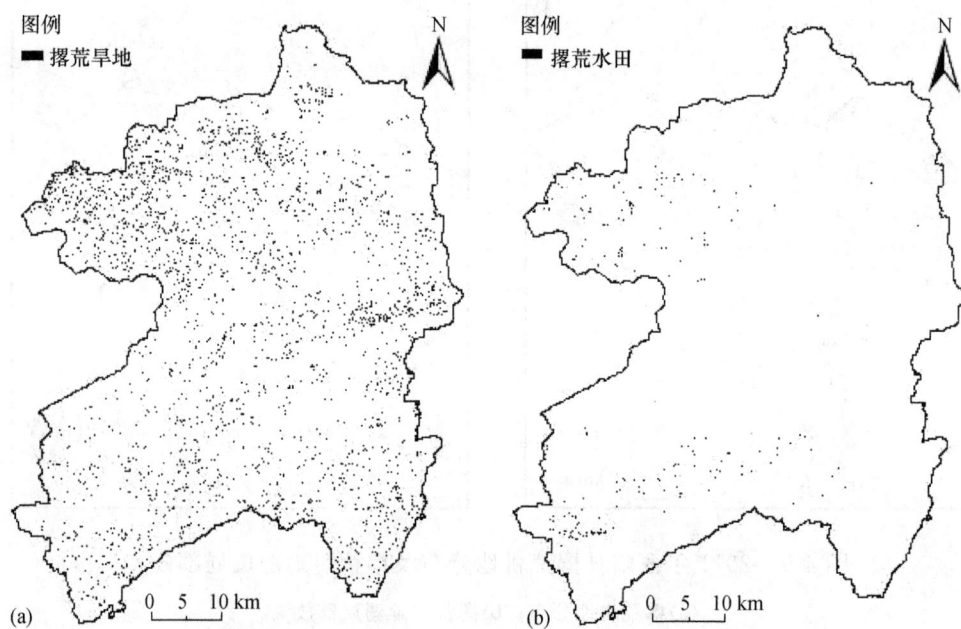

图 4-11　巫山县撂荒旱地及撂荒水田分布

(a)巫山县撂荒旱地分布；(b)巫山县撂荒水田分布

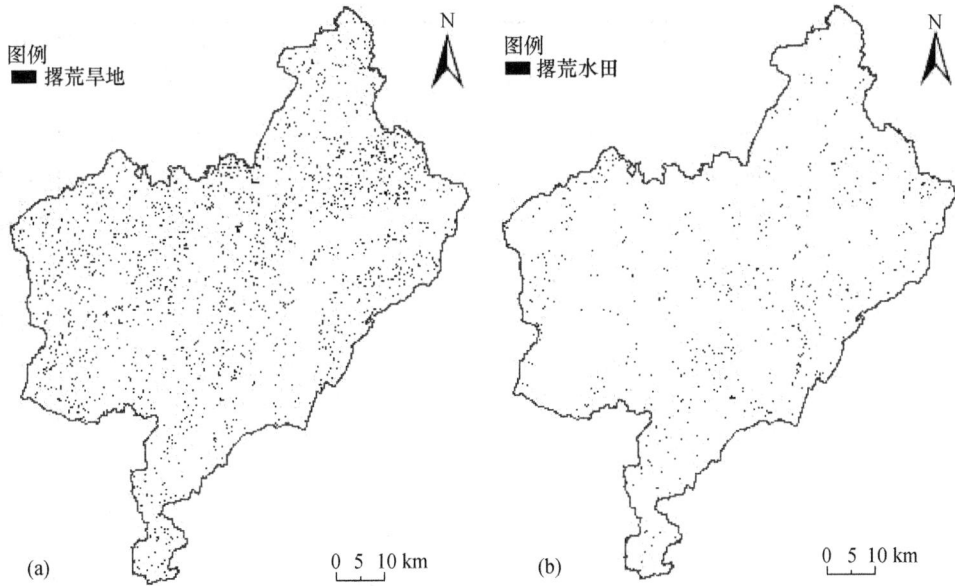

图 4-12　酉阳县撂荒旱地及撂荒水田分布

(a)酉阳县撂荒旱地分布；(b)酉阳县撂荒水田分布

4.1.2　撂荒耕地的验证

4.1.2.1　2011 年土地利用图的验证

为了验证第 2 期耕地地块图斑即 2011 年土地利用图的正确率，根据空间分布，作者从巫山和酉阳两县每县选取 2 个乡镇，每个乡镇选取 1 个村（图 4-13），每个村选取约 30 个耕地图斑，共计 4 个村约 120 个耕地图斑，于 2012 年 5 月 16 日至 6 月 28 日对选取的地块进行野外验证。其中有记录的地块信息 55 个（表 4-1，图 4-14），经验证，图中耕地图斑正确率达到 96.3%，说明 2011 年土地利用图耕地图斑真实可靠，可以满足本研究的数据分析。

表 4-1　巫山和酉阳县野外验证耕地点信息

编号	坐标	县名	乡镇	村庄
1	109.67°E,30.88°N	巫山县	庙宇镇	抱丰村
2	109.67°E,30.88°N	巫山县	庙宇镇	抱丰村
3	109.69°E,30.89°N	巫山县	庙宇镇	抱丰村
4	109.69°E,30.89°N	巫山县	庙宇镇	抱丰村

编号	坐标	县名	乡镇	村庄
5	109.69°E,30.89°N	巫山县	庙宇镇	抱丰村
6	109.69°E,30.89°N	巫山县	庙宇镇	抱丰村
7	109.68°E,30.89°N	巫山县	庙宇镇	抱丰村
8	109.68°E,30.89°N	巫山县	庙宇镇	抱丰村
9	109.69°E,30.89°N	巫山县	庙宇镇	抱丰村
10	109.69°E,30.89°N	巫山县	庙宇镇	抱丰村
11	109.69°E,30.89°N	巫山县	庙宇镇	抱丰村
12	109.68°E,30.89°N	巫山县	庙宇镇	抱丰村
13	109.68°E,30.90°N	巫山县	庙宇镇	抱丰村
14	109.67°E,30.90°N	巫山县	庙宇镇	抱丰村
15	109.67°E,30.90°N	巫山县	庙宇镇	抱丰村
16	109.67°E,30.90°N	巫山县	庙宇镇	抱丰村
17	109.67°E,30.90°N	巫山县	庙宇镇	抱丰村
18	109.68°E,30.90°N	巫山县	庙宇镇	抱丰村
19	109.68°E,30.90°N	巫山县	庙宇镇	抱丰村
20	109.68°E,30.90°N	巫山县	庙宇镇	抱丰村
21	109.67°E,30.90°N	巫山县	庙宇镇	抱丰村
22	109.69°E,30.90°N	巫山县	庙宇镇	抱丰村
23	109.68°E,30.90°N	巫山县	庙宇镇	抱丰村
24	109.67°E,30.90°N	巫山县	庙宇镇	抱丰村
25	109.68°E,30.90°N	巫山县	庙宇镇	抱丰村
26	109.68°E,30.90°N	巫山县	庙宇镇	抱丰村
27	109.67°E,30.90°N	巫山县	庙宇镇	抱丰村
28	109.68°E,30.90°N	巫山县	庙宇镇	抱丰村
29	109.69°E,30.91°N	巫山县	庙宇镇	抱丰村
30	109.69°E,30.91°N	巫山县	庙宇镇	抱丰村
31	109.68°E,30.91°N	巫山县	庙宇镇	抱丰村
32	109.78°E,31.09°N	巫山县	龙井乡	龙山村
33	109.78°E,31.09°N	巫山县	龙井乡	龙山村
34	109.78°E,31.09°N	巫山县	龙井乡	龙山村
35	109.78°E,31.10°N	巫山县	龙井乡	龙山村
36	109.77°E,31.10°N	巫山县	龙井乡	龙山村
37	109.77°E,31.10°N	巫山县	龙井乡	龙山村

续表

编号	坐标	县名	乡镇	村庄
38	109.77°E,31.10°N	巫山县	龙井乡	龙山村
39	109.77°E,31.10°N	巫山县	龙井乡	龙山村
40	109.77°E,31.10°N	巫山县	龙井乡	龙山村
41	109.77°E,31.11°N	巫山县	龙井乡	龙山村
42	109.77°E,31.11°N	巫山县	龙井乡	龙山村
43	109.77°E,31.11°N	巫山县	龙井乡	龙山村
44	108.80°E,28.79°N	酉阳县	桃花源镇	洞底村
45	108.82°E,28.79°N	酉阳县	桃花源镇	洞底村
46	108.80°E,28.79°N	酉阳县	桃花源镇	洞底村
47	108.80°E,28.79°N	酉阳县	桃花源镇	洞底村
48	108.79°E,28.79°N	酉阳县	桃花源镇	洞底村
49	108.79°E,28.79°N	酉阳县	桃花源镇	洞底村
50	108.79°E,28.79°N	酉阳县	桃花源镇	洞底村
51	108.79°E,28.79°N	酉阳县	桃花源镇	洞底村
52	108.80°E,28.80°N	酉阳县	桃花源镇	洞底村
53	108.80°E,28.80°N	酉阳县	桃花源镇	洞底村
54	108.81°E,29.10°N	酉阳县	黑水镇	宝剑村
55	108.80°E,29.11°N	酉阳县	黑水镇	宝剑村

注:经纬度坐标保留两位小数。

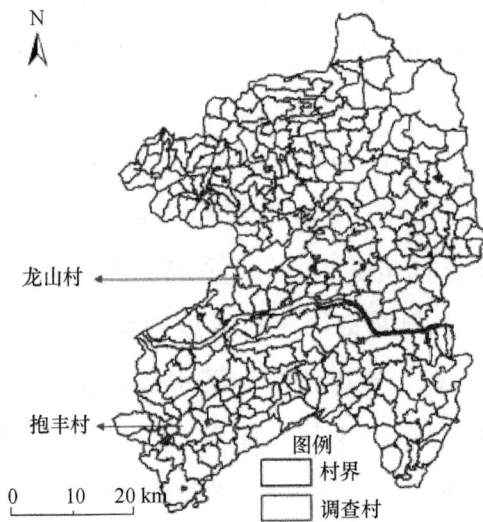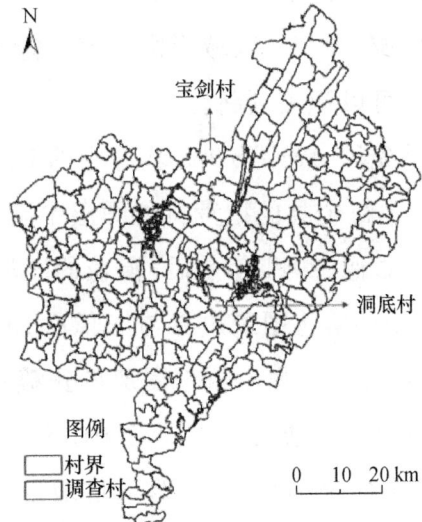

(a) 巫山县　　　(b) 酉阳县

图 4-13　耕地图斑野外验证村庄

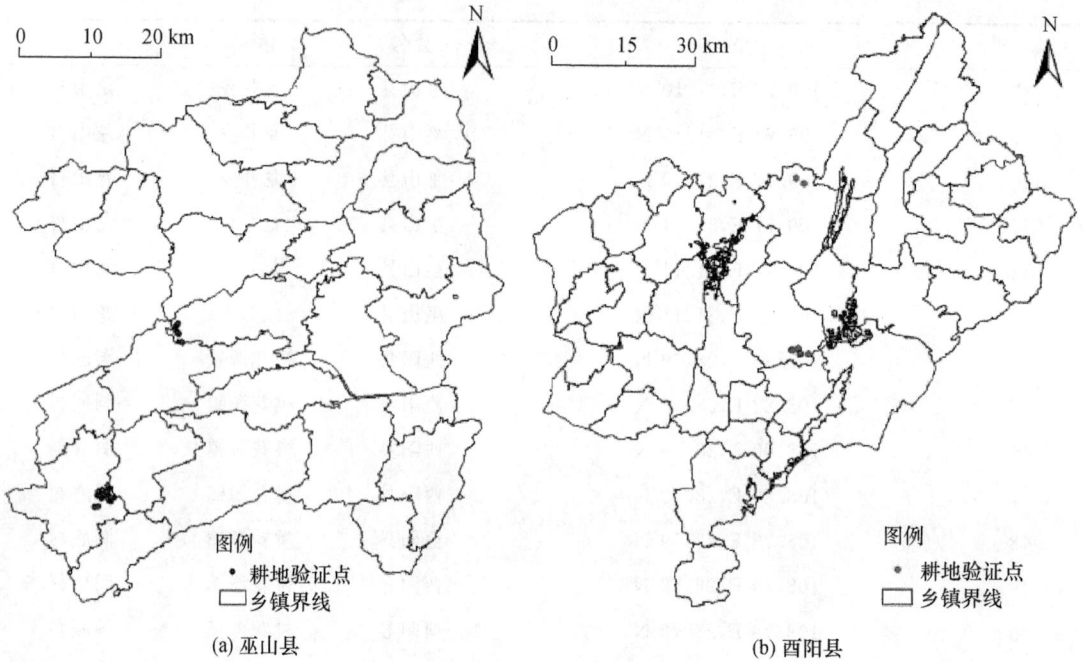

(a) 巫山县　　　　　　　　　　　　　(b) 酉阳县

图 4-14　野外验证耕地点分布

4.1.2.2　摞荒耕地图斑的验证

为了验证得出的摞荒耕地图斑的精确度,将摞荒耕地图斑与 Google Earth 影像进行叠加对比,来判断摞荒耕地图斑对应的影像是否确实摞荒,以及精确度能达到多少。经证实,Google Earth 影像能够覆盖重庆市石柱、巫山和酉阳 3 个县的部分区域,大部分区域影像分辨率能够达到 1 m 左右,图像清晰,绝大多数摞荒耕地图斑可以识别判断。

首先用 ArcGIS 9.3 软件中的 Create Random Points 工具从石柱、巫山和酉阳 3 个县中每个县的摞荒耕地图层中随机选取 1000 个图斑,然后在 Google Earth 软件中有影像(2011 年前后)覆盖的区域中每县随机选取 50 个共 150 个摞荒耕地图斑(图 4-15),将图斑边界与影像叠加显示,来判断每块摞荒耕地图斑是否确实摞荒,进而计算出摞荒耕地图斑的正确率。将 3 个县摞荒耕地图中随机提取的 150 个摞荒耕地地块与 Google Earth 影像叠加对比(图 4-16),证实 128 个地块确实摞荒,22 个地块仍在耕作,摞荒耕地地块的正确率为 85.3%,摞荒地块提取的正确率比较令人满意。

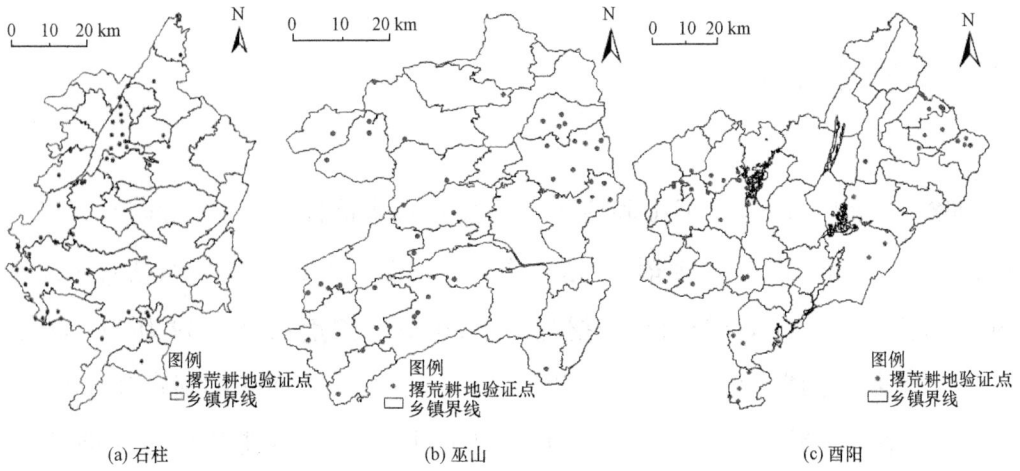

(a) 石柱　　　(b) 巫山　　　(c) 酉阳

图 4-15　重庆市 3 个县撂荒耕地验证点分布

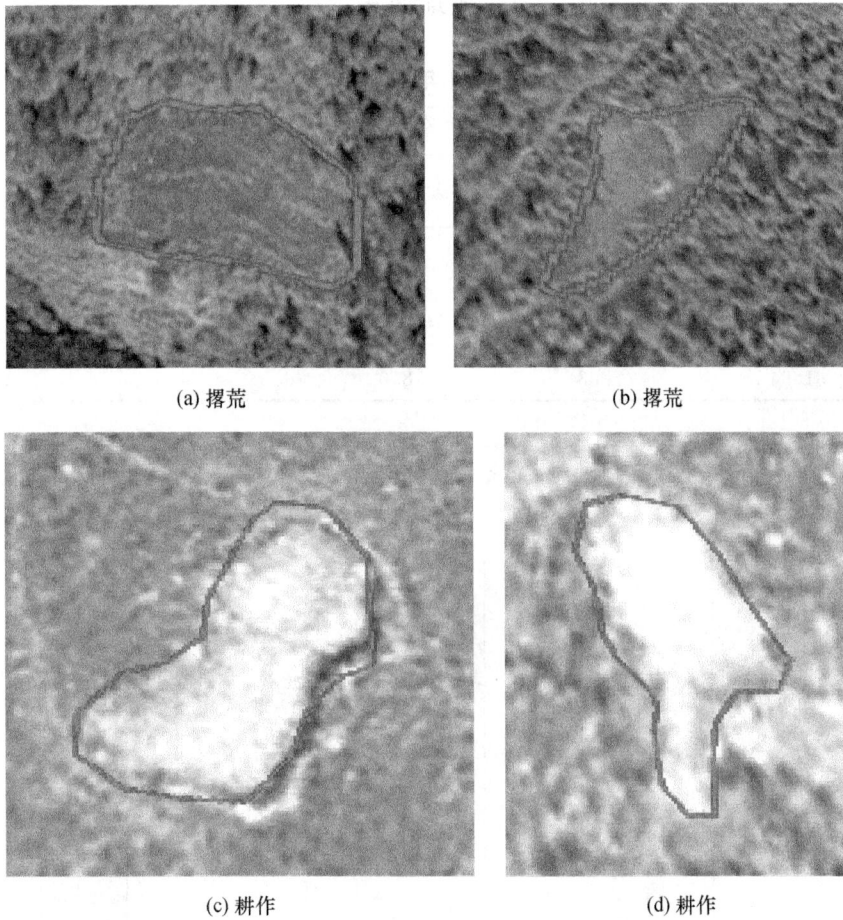

(a) 撂荒　　　(b) 撂荒

(c) 耕作　　　(d) 耕作

图 4-16　撂荒地块、耕作地块与 Google Earth 影像叠加

4.2 撂荒耕地的状况

2002 年,重庆市石柱、巫山和酉阳 3 个县共有耕地面积 31.34 万 hm²,至 2011 年共有 5.63 万 hm² 耕地发生撂荒,撂荒率为 18.0%(表 4-2)。其中,撂荒旱地 4.64 万 hm²,占比为 82.4%,该类耕地的撂荒率为 20.4%;撂荒水田 0.99 万 hm²,占比为 17.6%,该类耕地的撂荒率为 11.5%(图 4-17)。旱地撂荒面积明显高于水田,说明 即便在大量农村青壮年劳动力"析出"的情况下,肥沃水田撂荒的可能性仍然较低, 而贫瘠、生产力低下的旱地,被撂荒的可能性更高(邵景安等,2014)。

$$撂荒率_{2011} = \frac{撂荒耕地面积_{2002-2011}}{耕地面积_{2002}} \times 100\% \qquad (4\text{-}1)$$

表 4-2　2002—2011 年重庆市耕地撂荒情况

县	2002 年	2011 年			
	耕地面积/万 hm²	撂荒耕地面积/万 hm²	撂荒率/%	撂荒旱地面积/万 hm²	撂荒旱地面积占比/%
石柱	8.28	1.16	14.0	0.97	83.6
巫山	6.39	1.27	19.9	1.17	92.1
酉阳	16.67	3.20	19.2	2.50	78.1
合计	31.34	5.63	18.0	4.64	82.4

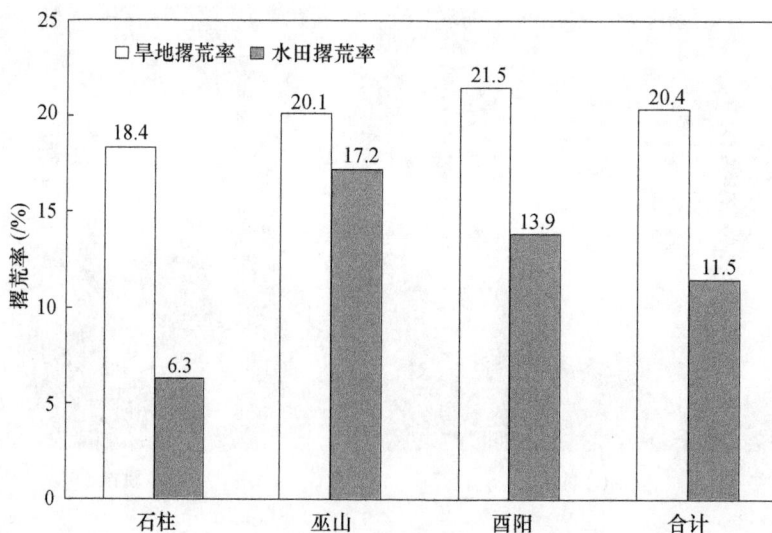

图 4-17　2002—2011 年重庆 3 县旱地和水田的撂荒率

对比石柱、巫山和酉阳 3 个县的旱地撂荒率发现，3 个县分别为 18.4％、20.1％和 21.5％，相差不大，和 3 县平均旱地撂荒率 20.4％都非常接近。而 3 县的水田撂荒率相差较大，最大为巫山的 17.2％，最小为石柱的 6.3％，这可能和各县耕地状况和耕作条件的差异有关，如各县耕地的坡度结构、农民耕作时往返地块和居民点的耕作距离、地块和居民点的高差、耕地地块的破碎程度等。

4.3　小结

本章介绍了重庆市石柱、巫山和酉阳 3 个县撂荒耕地的提取方法和过程，分析了 2011 年重庆市耕地撂荒的状况，总结如下。

(1)重庆市撂荒耕地的提取过程。首先提取 2002 年地形图耕地图斑；其次，提取 2011 年现状图耕地图斑；第三，两期耕地图层叠加，获取耕地退出图层；第四，剔除退耕还林图斑、森林工程图斑，获取撂荒耕地图层。经过图中提取的撂荒耕地图斑与 Google Earth 影像验证，撂荒耕地图斑提取的正确率达到 85.3％。

(2)2011 年重庆市耕地撂荒现状。石柱、巫山和酉阳 3 个县的耕地撂荒率平均为 18.0％，撂荒耕地以旱地为主，比例为 82.4％。3 个县中，巫山和酉阳的撂荒率高于石柱县；而 3 个县的水田撂荒率相差较大，巫山和酉阳较高，分别为 17.2％和 13.9％，石柱较低，为 6.3％。

第 5 章　　地块尺度耕地摺荒影响因素分析

　　山区部分耕地退出农业生产,有投入产出和人口等宏观经济和社会因素的影响,也有耕地本身质量或综合生产能力的原因。本章主要从后者探讨耕地摺荒的影响因素。本书第 4 章得到的重庆市 3 个县 2002—2011 年间摺荒地块的大比例尺(1∶1 万)分布图,为这项研究提供了详尽的数据。这些摺荒图斑共有 55.95 万个,结合摺荒影响因素的空间分布数据,可以进行大样本的数理统计分析,以揭示地块尺度上的摺荒影响因素,是农户投入产出分析的重要补充和分析结果的验证。

　　重庆市石柱、巫山和酉阳 3 个县 95 个乡镇(截至 2011 年)中,从 2002 年地形图中提取的耕地图斑共有 26.04 万个,从 2011 年土地利用图中提取的耕地图斑共有 21.71 万个,经处理得到的摺荒耕地图中提取的摺荒耕地图斑共有 55.95 万个,3 幅图合计有地块图斑 103.70 万个。本章即以重庆市石柱、巫山和酉阳 3 个县 103.70 万个地块图斑为样本,从地块尺度分析摺荒耕地的分布规律和耕地摺荒的影响因素,不同于以往主要从农户尺度研究耕地摺荒(Zhang et al,2014;Yan et al,2016)。

5.1　影响因素及其指标的选取

　　从理论上讲,耕地摺荒是由于地块上农业经营的收益不能抵偿成本,也就是利润为负。利润为负,可能是收益下降了,也可能是成本上升了,或者两种情况都出现了。但无论如何,对于摺荒原因的经济分析,都可以从影响农业经营收益与成本的因素出发。近年来,特别是 2003 年以来,我国农民工的工资增长幅度较大,每年都有 10%～20% 的升幅,意味着农村劳动力的务农成本快速上升。这一现象对农业土地经营的成本影响很大。山区的地块,其资源禀赋差异很大,既表现在土地的农业产出上,也表现在耕作的成本上。因此,本章将从地块尺度对耕地撂荒的影响因素进行分析,聚焦在影响农业产出水平和耕作成本的土地属性上。

　　如图 5-1 所示,针对影响农业经营收益和成本的因素,我们主要选取影响最大的劳力成本与土地产出两组。根据数据的可得性,影响土地产出的因素中只选取地块坡度;影响劳力成本的要素,选取耕作距离、耕作高差、地块大小、距离道路的远近等几项。各要素选取的具体原因以及指标的定义,分别阐述如下。

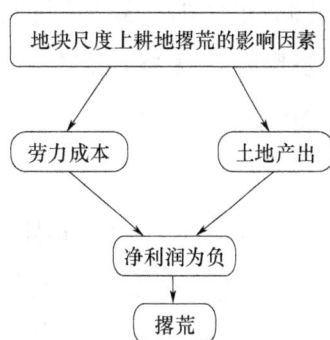

图 5-1　地块尺度耕地
撂荒关系图

　　(1)耕作距离

　　由于农民外出务工、农村劳动力流失等原因,农民可能将之前耕种的土地弃耕撂荒,弃耕撂荒的耕地可能首先选择耕作距离较远的耕地。因为在重庆山区,道路崎岖,交通不便,农民从居民点到耕地地块的出行方式大多为步行。若耕作距离长,耕作通勤花费的时间就长,增加了耕作成本,农民可能首先将这样距离较远的耕地地块撂荒。因此,耕作距离是农民是否做出撂荒决策的重要因素。耕作距离变量用耕地地块距离最近居民点的水平直线距离来代表。

　　(2)耕作高差

　　在重庆山区,耕地地块破碎,道路崎岖,交通不便。农民耕作大都需要上坡或下坡,道路以坡路为主。若耕作高差大,耕作通勤花费的时间就长,耗费体力就大,耕作成本也高。因此,耕作高差也是农民是否做出撂荒决策的重要因素。耕作高差变量用耕地地块高程与村庄居民点平均高程的高差绝对值来代表。

　　(3)耕地地块坡度

　　重庆山区地形崎岖,复杂多变,平地稀少,耕地大多为坡耕地。一般坡度陡的耕地,土层厚度薄,土壤保水能力差,产量低而不稳;遇暴雨山洪,坡度陡的耕地极易发生土壤侵蚀,养分流失严重;此外,坡度陡还增加使用机械的难度,耕作条件较差。当年农民开荒时,首先选择地势平坦、坡度较小的土地;同理,当农民因为某种原因将耕地弃耕撂荒时,从耕地地块坡度的角度考虑,首先选择坡度较大的耕地,而保留坡度较小、地形相对平坦的耕地进行耕种。耕地地块坡度也是影响耕地撂荒的重要因素。

(4)耕地地块大小

重庆山区耕地地块较为破碎,大小不一,相差非常悬殊。零碎的地块难以使用机械,也增加通勤的时间。当农民因为某种原因将耕地弃耕撂荒时,同等条件下,农民往往选择面积较大的地块进行耕种,这样便于管理,经营成本也相对较低,而将面积较小的地块撂荒。所以耕地地块大小也是影响耕地撂荒的重要因素。

(5)耕地地块距道路距离

农民选择地块种植农作物时,首先选择距离道路较近、交通条件较好的地块,这样可以节约出行时间、提高劳动生产效率。同理,农民在弃耕撂荒时,也会首选距离道路较远、通行困难的耕地。所以,耕地距离道路的远近,也会影响农民是否做出撂荒决策。此变量用耕地地块距离最近道路的距离来代表。

5.2　指标的计算

(1)耕作距离

使用研究区 2002 年耕地地块和居民点分布图,首先利用 ArcGIS 9.3 软件中的 Feature to Point 工具,将耕地地块和居民点的面状图层转为点图层,即每一个点代表一个耕地地块或居民点的面状图斑。然后用 near 工具,提取每个耕地地块距最近居民点的欧式直线距离。耕地地块距离最近居民点距离表征农户的耕作半径,该距离对农户是否做出耕地撂荒的决策有重要的影响。用同样方法,提取2011 年每个撂荒耕地地块距最近居民点的欧式直线距离,并计算每个耕地地块和撂荒耕地地块的图斑面积。这样,每个耕地地块和撂荒耕地地块对应着 1 个面积和 1 个距最近居民点距离数值,将距离分区间,分段统计每个区间撂荒耕地总面积和耕地总面积,两者相除即为每个区间的耕地撂荒率。

$$耕作距离区间撂荒率_{2011}=\frac{耕作距离区间撂荒耕地面积_{2002-2011}}{耕作距离区间耕地面积_{2002}}\times100\% \quad (5\text{-}1)$$

(2)耕作高差

使用研究区 2002 年耕地地块和居民点分布图,首先利用 ArcGIS 9.3 软件中的 Feature to Point 工具,将耕地地块和居民点的面状图层转为点图层,即每个点代表 1 个耕地地块或居民点的面状图斑。然后将生成的耕地和居民点的点图层与 DEM 图叠加,利用 Zonal Statistics 工具提取每个耕地点和居民点的高程。将居民点图层与分村的行政界线图叠加,利用 Summarize 工具计算各村居民点的平均高程。最后用每个耕地地块的高程减去该村居民点的平均高程,取绝对值,即为每个耕地地块相对居民点的高程,即耕作高差。同样方法,提取 2011 年每个撂荒耕地地块相对居民点的高程,并计算每个耕地地块和撂荒耕地地块的图斑面积。这样,每个耕地地块和撂荒耕地地块对应着 1 个面积和 1 个相对居民点高程数值,将耕作高差分区间,分段统计每个区间撂荒耕地总面积和耕地总面积,两者相除即为每个耕作高差区间的耕地撂荒率。

$$耕作高差区间撂荒率_{2011}=\frac{相对高程区间撂荒耕地面积_{2002-2011}}{相对高程区间耕地面积_{2002}}\times 100\% \quad (5\text{-}2)$$

(3)耕地地块坡度

使用研究区 2002 年耕地地块和 2011 年撂荒耕地地块分布图,首先利用 ArcGIS 9.3 软件中的 Feature to Point 工具,将耕地地块和撂荒耕地地块的面状图斑转为点图斑,即每个点代表 1 个耕地地块或撂荒耕地地块的面状图斑。然后将生成的耕地和撂荒耕地的点图层与 SLOPE 图叠加,利用 Zonal Statistics 工具提取每个耕地点和撂荒耕地点的坡度,并计算每个耕地地块和撂荒耕地地块的图斑面积。这样,每个耕地地块和撂荒耕地地块对应着 1 个坡度值和 1 个面积数值,将坡度分区间,分段统计每个区间撂荒耕地总面积和耕地总面积,两者相除即为每个区间的耕地撂荒率。

$$坡度区间撂荒率_{2011}=\frac{坡度区间撂荒耕地面积_{2002-2011}}{坡度区间耕地面积_{2002}}\times 100\% \quad (5\text{-}3)$$

(4)耕地地块大小

使用研究区 2002 年耕地地块和 2011 年撂荒耕地地块分布图,首先利用 ArcGIS 9.3 软件中的 Calculate Geometry 工具,计算每个耕地地块和撂荒耕地地块的图斑面积。然后,将耕地地块面积和撂荒耕地地块面积分别排序,将面积分区间,分段统计每个区间耕地总面积和撂荒耕地总面积及其地块总数,两者相除即为面积区间的平均耕地地块大小和撂荒耕地地块大小。分段比较每个区间耕地总面积和撂荒耕地总面积。因为耕地地块发生撂荒时,可能存在同一个耕地地块局部发生撂荒,局部撂荒的耕地地块进入其他面积区间,导致撂荒后同一个面积区间撂荒耕地面积可能大于耕地面积,所以同一个面积区间撂荒后的地块总面积反而增加,造成撂荒率大于1。所以这里用"撂荒比"的概念更为合适,即撂荒发生后同一面积区间的撂荒耕地面积除以耕地面积。

$$撂荒比\ n = \frac{撂荒耕地面积\ n}{耕地面积\ n} \tag{5-4}$$

$$平均地块大小 = \frac{区间地块面积\ n}{区间地块数量\ n} \tag{5-5}$$

式中:地块分为耕地和撂荒耕地2种类型,n为面积区间。

(5)耕地地块距道路距离

使用研究区2002年耕地分布图、2011撂荒耕地分布图和道路分布图,首先利用ArcGIS 9.3软件中的Feature to Point工具,将耕地地块的面状图斑转为点图斑,即每个点代表一个耕地地块面状图斑。然后用near工具,提取2002年每个耕地地块距最近道路的欧式直线距离。耕地地块距最近道路的距离表征农户出行耕作的便利程度,该距离对农户是否做出耕地撂荒的决策可能有影响。用同样方法,提取2011年每个撂荒耕地地块距最近道路的欧式直线距离,并计算每个耕地地块和撂荒耕地地块的图斑面积。这样,每个耕地地块和撂荒耕地地块对应着1个面积和1个距最近道路的距离数值,将距离分区间,分段统计每个区间撂荒耕地总面积和耕地总面积,两者相除即为每个区间的耕地撂荒率。

$$距道路距离区间撂荒率_{2011} = \frac{距道路距离区间撂荒耕地面积_{2002-2011}}{距道路距离区间耕地面积_{2002}} \times 100\%$$

$$\tag{5-6}$$

5.3 撂荒率与影响因素的关系

对于耕作距离、耕作高差、耕地地块坡度、耕地地块大小、耕地地块距道路距离等5个指标,我们在分析各指标与撂荒率的关系时,将各指标按不同的间隔划分区间,并引入撂荒反向累积率的概念。所谓撂荒反向累积率,是指该区间以外撂荒耕地面积占总撂荒耕地面积的比重,用百分数表示。撂荒反向累积率可以反映各区间以外的撂荒耕地面积占比。

5.3.1　耕作距离

根据重庆市 3 个县摞荒耕地地块数据,将耕作距离按 100 m 的间隔进行等距划分区间。从图 5-2 可以明显看出,随着耕作距离的增加,摞荒率呈现逐渐增大的趋势。当耕作距离在 400 m 范围以内时,摞荒率不足 20%;耕作距离超过 600 m 时,摞荒率达到 30% 以上;当耕作距离超过 900 m 时,40% 以上的耕地发生摞荒(表 5-1)。从摞荒反向累积率所反映出的摞荒耕地分布看,耕作距离在 100 m 以外的摞荒耕地面积占比达 66% 以上,耕作距离在 200 m 以外时,摞荒面积占比仅为 40% 左右。摞荒耕地地块的平均耕作距离为 219 m。

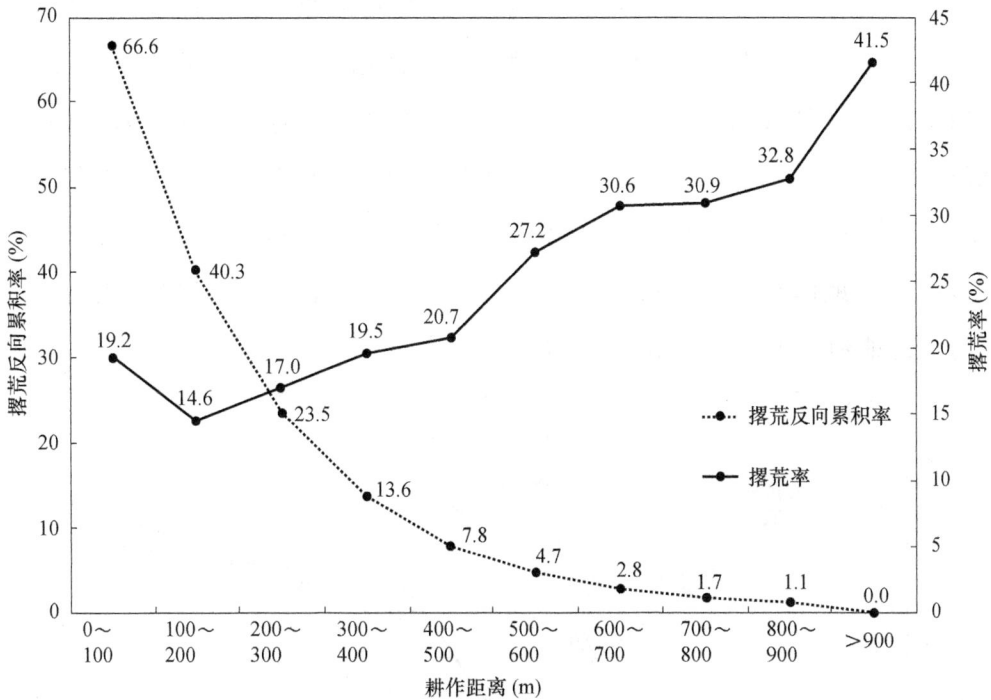

图 5-2　不同耕作距离与摞荒率的关系

表 5-1　重庆市 3 县不同耕作距离与摞荒率的关系

耕作距离(m)	2002 年耕地面积(hm²)	2011 年摞荒耕地面积(hm²)	摞荒率(%)
0~100	97778	18793	19.2
100~200	101219	14777	14.6
200~300	55817	9471	17.0
300~400	28496	5565	19.5

耕作距离(m)	2002 年耕地面积(hm²)	2011 年撂荒耕地面积(hm²)	撂荒率(%)
400~500	15626	3236	20.7
500~600	6516	1771	27.2
600~700	3515	1076	30.6
700~800	1870	578	30.9
800~900	1047	343	32.8
>900	1528	634	41.5

5.3.2　耕作高差

根据重庆市 3 个县撂荒耕地数据,将耕作高差按照 20 m 的间隔进行等距划分区间。从图 5-3 可以明显看出,随着耕作高差的增加,撂荒率呈现逐渐增加的趋势。当耕作高差在 80 m 区间以内时,撂荒率不足 16%;但当耕作高差超过 100 m 时,撂荒率达到 18% 以上;当耕作高差超过 160 m 时,19% 以上耕地发生撂荒(表 5-2)。从撂荒反向累积率所反映出的撂荒耕地分布看,高差在 40 m 以上的撂荒耕地占总耕地面积的 70% 以上,高差在 80 m 以上的撂荒面积占比为 50% 左右。撂荒耕地地块平均耕作高差为 102 m。

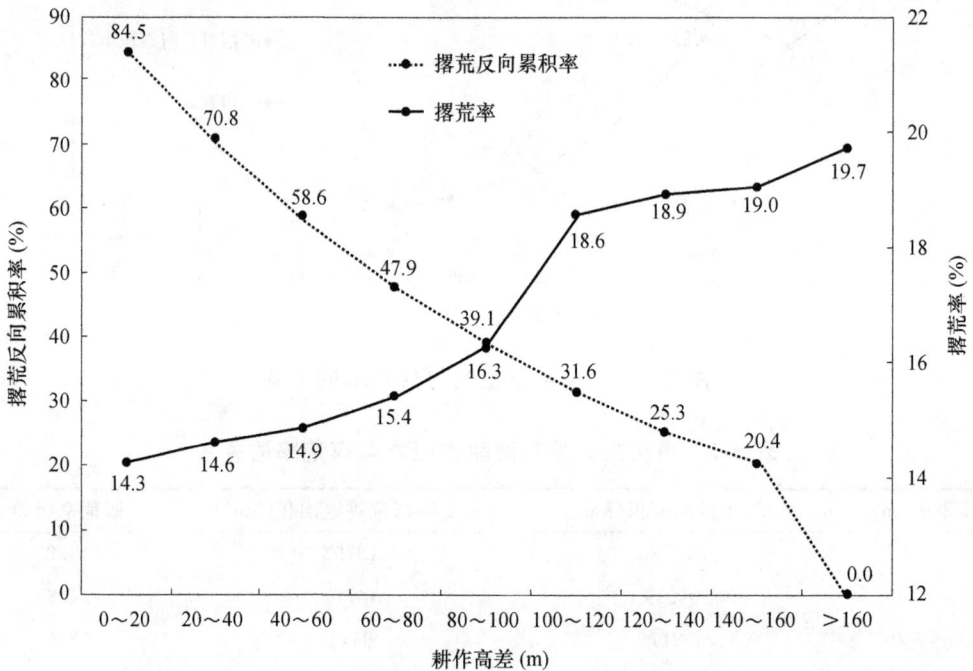

图 5-3　不同耕作高差与撂荒率的关系

表 5-2　不同耕作高差与撂荒率的关系

耕作高差(m)	2002 年耕地面积(hm²)	2011 年撂荒耕地面积(hm²)	撂荒率(%)
0~20	54127	7728	14.3
20~40	46584	6821	14.6
40~60	40717	6054	14.9
60~80	34507	5325	15.4
80~100	26804	4360	16.3
100~120	20256	3761	18.6
120~140	16389	3099	18.9
140~160	12763	2431	19.0
>160	51582	10170	19.7

5.3.3　耕地地块坡度

根据重庆市 3 个县撂荒耕地数据,将耕地坡度按照 3°间隔进行等距划分区间。从图 5-4 可以看出,随着耕地地块坡度的增加,撂荒率呈现逐渐增加的趋势。当耕地地块坡度小于 12°时,撂荒率大约为 16%;当耕地地块坡度超过 12°时,撂荒率达到 17%以上;当耕地地块坡度超过 27°时,22%以上耕地发生撂荒(表 5-3)。从撂荒反向累积率所反映出的撂荒耕地分布看,地块坡度在 9°以上的撂荒耕地占总耕地面积的74%,地块坡度在 15°以上的撂荒面积占比为 47%。撂荒耕地地块平均坡度为 16°。

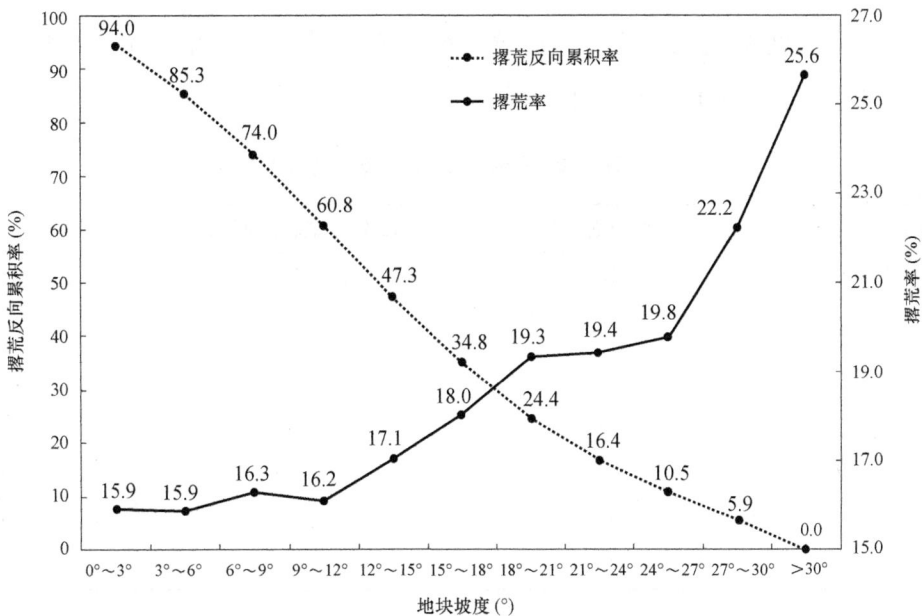

图 5-4　不同耕地地块坡度与撂荒率的关系

表 5-3　不同耕地地块坡度与撂荒率的关系

耕地地块坡度(°)	2002 年耕地面积(hm²)	2011 年撂荒耕地面积(hm²)	撂荒率(%)
0～3	19917	3173	15.9
3～6	29076	4626	15.9
6～9	36794	5989	16.3
9～12	43443	7020	16.2
12～15	41902	7152	17.1
15～18	36926	6650	18.0
18～21	28420	5493	19.3
21～24	21415	4162	19.4
24～27	15661	3100	19.8
27～30	9822	2184	22.2
＞30	13312	3413	25.6

5.3.4　耕地地块大小

根据重庆市 3 个县撂荒耕地数据,将耕地地块大小按照 0～100 m²、100～300 m²、300～700 m²、700～2000 m²、2000～7000 m²、7000～20000 m²、＞20000 m² 划分不同的面积区间。从图 5-5 可以看出,随着耕地地块面积的不断增加,撂荒比逐渐降低,0～100 m² 区间撂荒比高达 8.61,100～300 m² 面积区间撂荒比为 4.88,＞20000 m² 面积区间撂荒比降至 0.04(表 5-4)。这表明,耕地地块面积越大,发生撂荒的概率越小,耕地越不容易发生撂荒。

表 5-4　不同耕地地块大小与撂荒比的关系

耕地地块大小(m²)	2002 年耕地面积(hm²)	2011 年撂荒耕地面积(hm²)	撂荒比(%)
0～100	113	970	8.61
100～300	435	2124	4.88
300～700	1184	3567	3.01
700～2000	6099	9353	1.53
2000～7000	26830	18900	0.70
7000～20000	48534	12762	0.26
＞20000	230218	8570	0.04

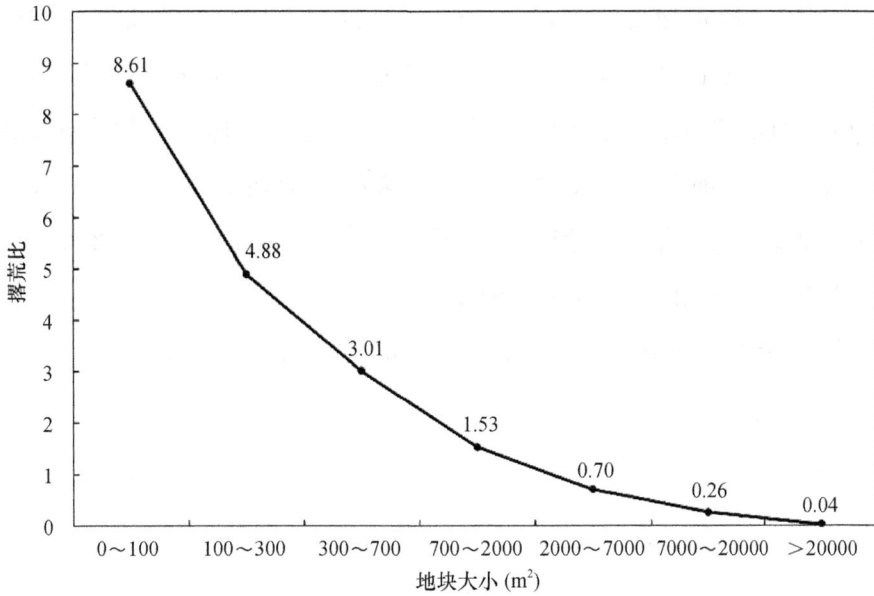

图 5-5　不同耕地地块大小与撂荒比的关系

从图 5-6 可以看出,随着撂荒耕地地块大小的增加,撂荒地块的面积和数量都呈逐渐减少的趋势。撂荒耕地地块面积占比方面,在 0～2000 m² 的各区间内,随着地块大小的增加地块面积占比呈缓慢减少的趋势,其中 100～200 m² 区间占比

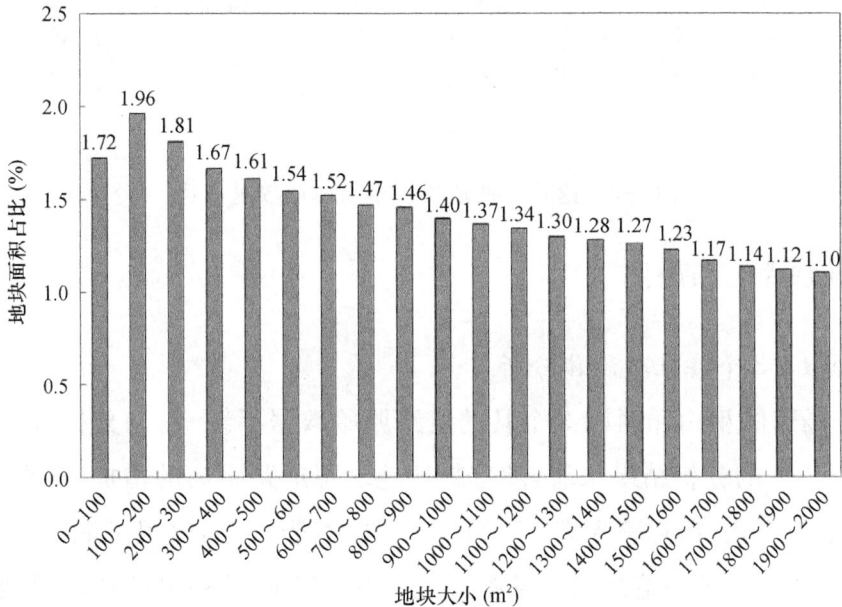

图 5-6　撂荒地块面积大小与地块面积占比

(撂荒耕地地块面积＞2000 m² 的面积占比为 71.53%,远高于面积＜2000 m² 的占比,故未上图)

最高,为 1.96%。撂荒地块数量占比方面,0~100 m² 的地块数量占比为 40.3%,0~300 m² 的地块数量占比超过 61%,可以看出撂荒耕地大部分都是面积小于 300 m² 的小面积地块(图 5-7);但是面积占比最高的区间还是面积大于 2000 m² 的部分,撂荒面积占总面积的 71.53%。所以从撂荒地块数量分布看出,大部分是 0~300 m² 的地块,而从撂荒面积区间占比看,大部分是面积大于 2000 m² 的大面积地块。2011 年重庆市 3 个县撂荒地块共有 55.95 万个,数量众多,面积大小相差悬殊,平均每个撂荒地块大约为 0.1 hm²,即 1.5 亩。

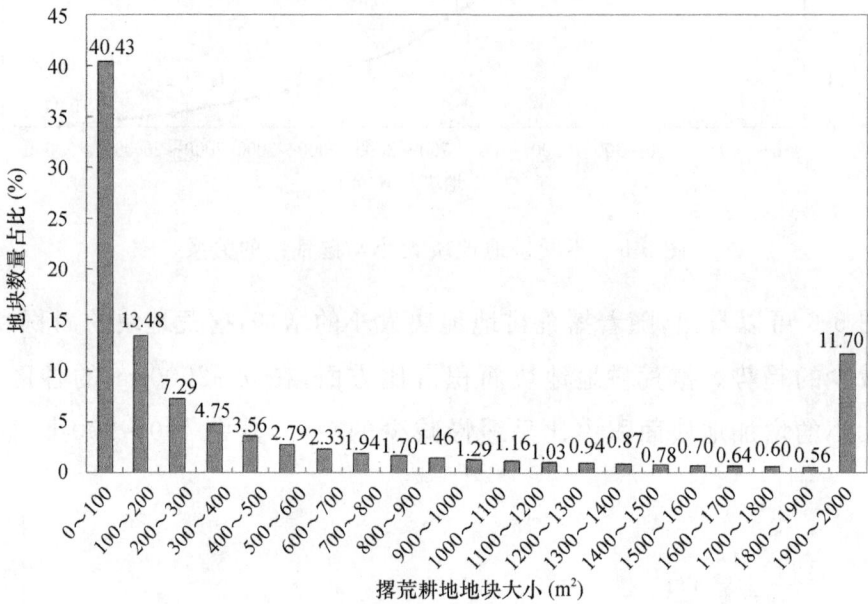

图 5-7　撂荒耕地地块大小与地块数量占比

5.3.5　地块距道路距离

5.3.5.1　3 个县道路总体分析

重庆市石柱、巫山和酉阳 3 个县的道路原始数据不统一,划分标准不一致(表 5-5)。从图 5-8 的分析结果来看,随着耕地地块距道路距离的增加,撂荒率并没有呈现有规律的变化,撂荒率大多在 19% 上下波动(表 5-6),这很可能是由于 3 个县道路的原始数据不统一造成的。从撂荒反向累积率所反映出的撂荒耕地分布看,距道路距离 100 m 以上的撂荒耕地占总撂荒耕地面积的 50.7%,距道路距离 200 m 以上的撂荒耕地占比为 32.7%。

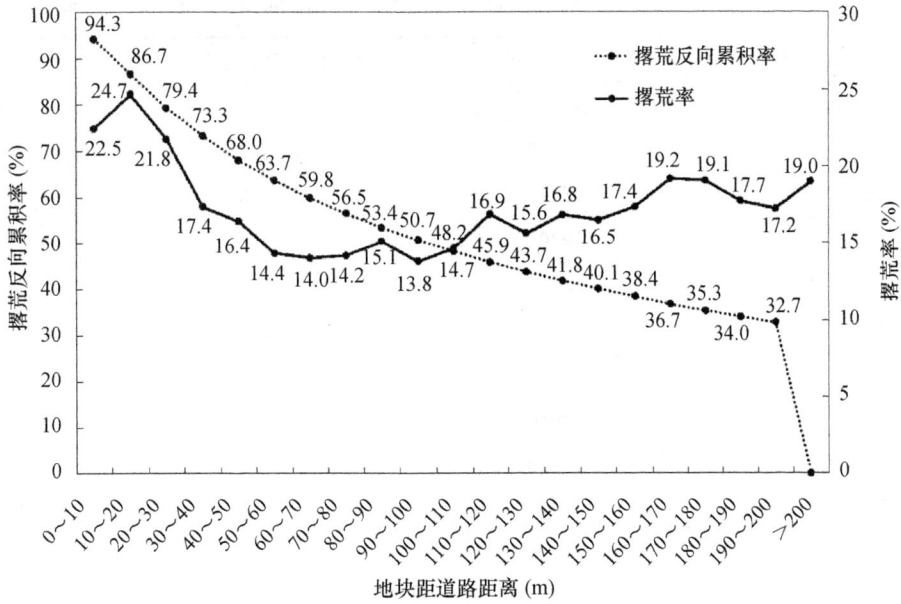

图 5-8　重庆市石柱、巫山、酉阳县地块距道路距离与撂荒率

表 5-5　2011 年重庆市石柱、巫山、酉阳县道路情况

县名	道路类型	道路数量
石柱	便道	5211
	村级公路	884
	等外公路	94
巫山	乡村路	433
	便道	39
	内部路	16
	在建等外公路	67
	小路	21707
	机耕路	1164
	村级公路	1246
	等外公路	237
	等级公路	277
酉阳	公路用地	16326
	农村道路	63941

表 5-6　2011 年重庆市石柱、巫山、酉阳县耕地地块距道路距离与撂荒率

耕地地块距道路距离(m)	2002 年耕地面积(hm²)	2011 年撂荒耕地面积(hm²)	撂荒率(%)
0~10	14336	3219	22.5
10~20	17170	4241	24.7
20~30	18970	4127	21.8
30~40	19700	3424	17.4
40~50	18225	2995	16.4
50~60	16959	2435	14.4
60~70	15624	2193	14.0
70~80	12980	1843	14.2
80~90	11468	1734	15.1
90~100	10970	1515	13.8
100~110	9542	1400	14.7
110~120	7848	1326	16.9
120~130	7621	1192	15.6
130~140	6463	1088	16.8
140~150	5969	985	16.5
150~160	5265	914	17.4
160~170	5051	969	19.2
170~180	4113	784	19.1
180~190	4236	751	17.7
190~200	4117	710	17.2
>200	96785	18400	19.0

5.3.5.2　巫山县道路分析

因为重庆市 3 个县的道路分类不统一,其中石柱分为便道等 3 种类型,巫山包括乡村路等 9 种类型,酉阳包括公路用地等 2 种类型。3 个县道路比较来看,我们选择最详细的巫山县来分析地块距道路距离与撂荒率的关系。考虑到巫山当地的交通状况、耕作特点、地形特征等因素,选择可能对耕地撂荒相对影响较大的等级公路、等外公路、乡村路、村级公路和机耕路等 5 种类型作为巫山的道路网系统,而剔除小路、在建等外公路、便道和内部路等 4 种可能对耕地撂荒影响较小的道路类型。以巫山县 5 类道路网为基础做缓冲区,根据 2002 年耕地地块距道路的平均距离 238 m,以 50 m 等间距做 5 类道路的缓冲区,每段缓冲区提取 2002 年耕地面积和 2011 年撂荒耕地面积,两者相除得出撂荒率。如图 5-9 所示,随着耕地地块距道路距离的增加,撂荒率整体呈现逐渐增加的趋势。主要原因是距离道路越远,通勤的便利程度越低,耕作成本相对更高,所以耕地更可能撂荒。其中距道路较近的 0~50 m 区间,撂荒率相对较高,可能和道路附近地块面积较小有关(图 5-10)。从撂荒反向累积率所反映出的撂荒耕地分布看,距道路距离 200 m 以上的撂荒耕地占总撂荒耕地面积的 37.0%,距道路距离 500 m 以上的撂荒耕地占比为 12.2%。

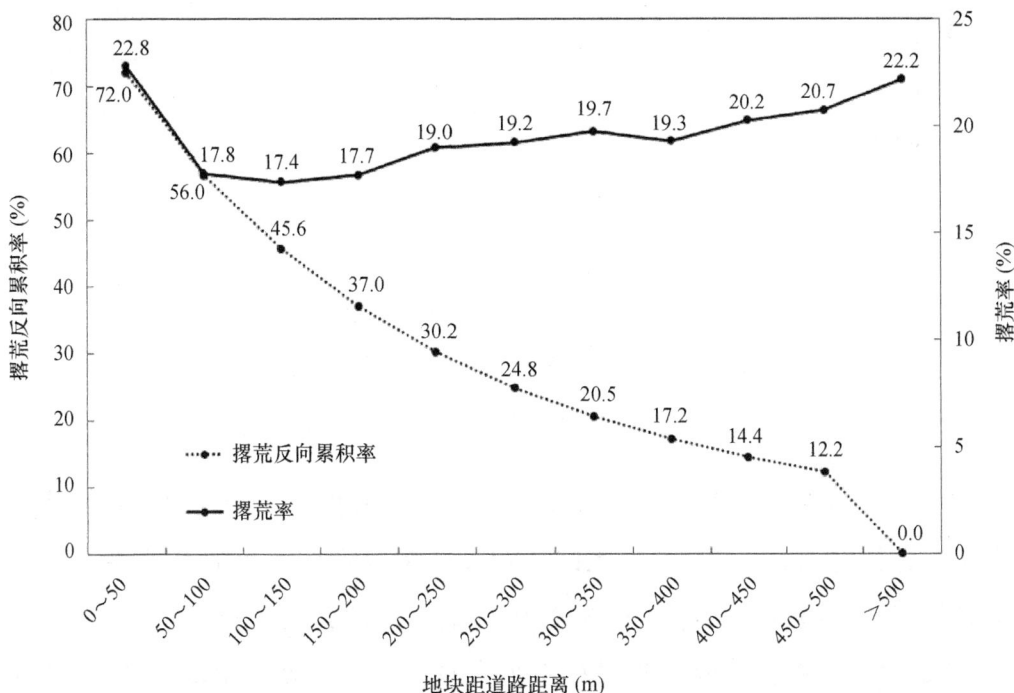

图 5-9　巫山县地块距道路距离与撂荒率

从图 5-10 可以看出,巫山县耕地地块的分布,随着距道路距离的增加,呈现先增加后减少的趋势。距道路距离 0~50 m 区间,耕地地块平均面积最小,为 0.93 hm²,100~150 m 区间耕地地块最大,为 1.90 hm²,道路附近耕地地块较小可能受道路施工、车辆通行等因素影响。

5.3.6　各变量与撂荒可能性的逻辑斯蒂回归分析

为了验证各变量对耕地地块撂荒可能性的影响,建立回归模型。地块撂荒可能性作为因变量,地块若撂荒则取值为 1,否则取值为 0。在模型中,地块的耕作距离、耕作高差、坡度和面积作为自变量。为保证数据的有效性,缺失值和异常值的变量都进行处理。本研究的样本数量为 660000,即地块总数的 92.6%。

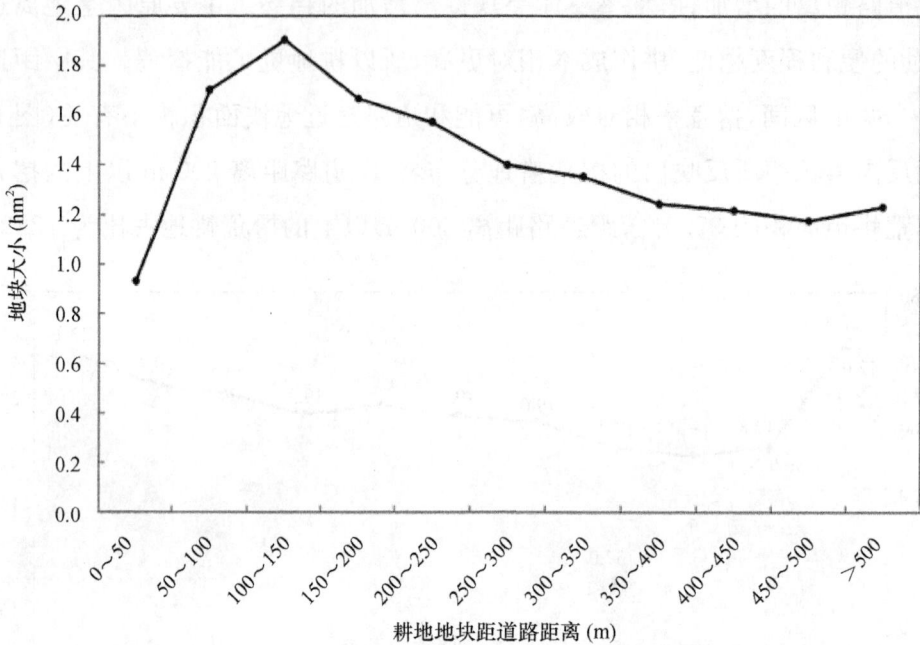

图 5-10　巫山县耕地地块距道路距离与地块大小

表 5-7 列出了所有变量的描述性统计分析。为避免自变量间的多重共线性问题，在实证分析之前，采用方差膨胀因子（VIF）来检验自变量的共线性。结果显示，VIF 最大值不超过 1.1，变量间不存在严重共线性。模型被评估时，各变量的 VIF 值均通过了共线性检验。模型对 4 个变量的原始数据全部取对数，具体原因如下：①各变量的异方差较大，取对数可以减轻异方差对回归结果的影响；②变量中可能会存在离群值，取对数可能减轻离群值对模型估计的影响；③取对数还可以观察自变量对因变量的弹性变化，即自变量变化 1% 可以引起因变量变化百分之几。

表 5-7　描述性统计

变量	最小值	平均值	最大值	标准差	样本数	VIF
耕作距离	0 m	212.3 m	2674 m	176.7 m	670000	1.02
耕作高差	0 m	87.09 m	305 m	69.89 m	670000	1.05
耕地地块坡度	0°	15.15°	39°	8.250°	670000	1.02
耕地地块面积	10 m²	4320 m²	1100000 m²	17365 m²	670000	1.00

我们运用 Stata 软件来运行回归分析，使用接受者操作特征曲线（ROC）评估模型拟合优度的整体性能。ROC 的值被定义为曲线下方的面积，在 0.5 和 1 之间

变化。图 5-11 显示曲线下方的面积,即逻辑回归 ROC 值为 0.901,表明本研究的模型设计是可取的。

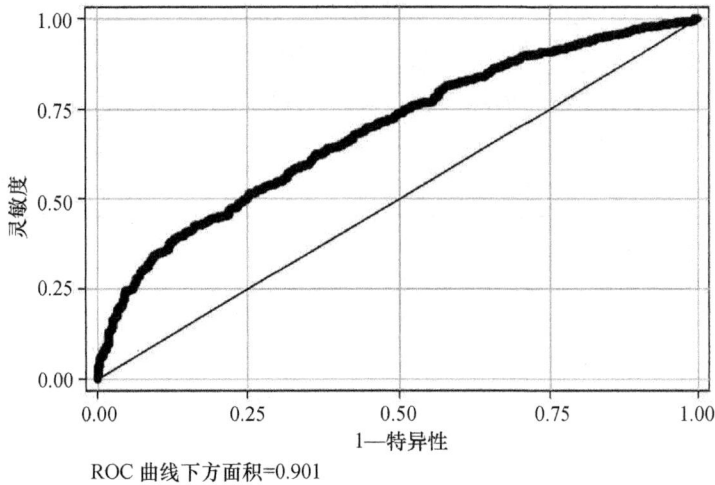

ROC 曲线下方面积=0.901

图 5-11　逻辑回归模型的 ROC 测试结果

由表 5-8 可知,耕地是否撂荒主要取决于耕作距离、耕作高差、地块坡度和地块面积。耕作距离、耕作高差、地块坡度的相关系数为正,且分别在 1%、5% 和 1% 水平上显著。这表明,耕作距离越远,耕作高差越大,地块坡度越陡,则耕地撂荒可能性越大。地块面积的相关系数为负,且在 1% 水平上显著,这表明,耕地地块越小,耕地越有可能发生撂荒。

另外,我们还对各变量数值进行了标准化处理(即去量纲化),这样可以比较各个变量对撂荒的影响力度大小。系数的绝对值越大,即该变量对撂荒的影响越大;反之,则越小。由表 5-8 可以看出,地块面积对撂荒影响最大,其次是耕作距离,而耕作高差和地块坡度对撂荒影响相对较小。

表 5-8　逻辑斯蒂回归模型

变量	撂荒可能性			
	非标准化		标准化	
	相关系数	标准误差	相关系数	标准误差
ln(耕作距离)	0.209***	0.015	0.202***	0.044
ln(耕作高差)	0.049***	0.015	0.054***	0.017
ln(地块坡度)	0.043**	0.022	0.029**	0.015
ln(地块面积)	−0.842***	0.046	−1.843***	0.100

变量	撂荒可能性			
	非标准化		标准化	
	相关系数	标准误差	相关系数	标准误差
常量	7.165***	0.523	1.267***	0.081
调整后的 R^2	0.332		0.332	
样本数量	660000		660000	

注：＊＊在5％水平显著；＊＊＊在1％水平显著。

5.4　小结

重庆市石柱、巫山和酉阳3个县2002年耕地地块、2011年耕地地块、2011年撂荒耕地地块合计为103.70万个，以这些地块图斑为样本，提取地块的耕作距离、耕作高差、地块坡度、地块大小和地块距道路距离5个指标，基于地块尺度从这5个方面分析撂荒耕地的分布规律和耕地撂荒的主要影响因素，结论如下。

（1）耕地地块距离居民点距离越远，则撂荒率越高。当耕地地块距居民点距离在400 m范围以内时，撂荒率不足20％；当距离超过900 m时，40％以上的耕地发生撂荒。

（2）耕地地块相对居民点高程越大，则撂荒率越高。当耕地地块相对高程在80 m范围以内时，撂荒率不足16％；当相对高程超过160 m时，19％以上的耕地发生撂荒。

（3）耕地地块坡度越大，则撂荒率越高。当耕地地块坡度小于12°时，撂荒率大约为16％；当耕地地块坡度超过27°时，22％以上的耕地发生撂荒。

（4）随着耕地地块面积的不断增加，撂荒比逐渐降低，撂荒地块的数量和面积也逐渐减小。这表明，耕地地块面积越大，发生撂荒的概率越低，耕地越不容易发生撂荒。

（5）耕地地块距道路距离与撂荒率之间，没有呈现出显著的相关关系。

综上所述，基于地块尺度对于耕地撂荒的研究发现，耕地撂荒的发生受到地块耕作距离、地块耕作高差、地块坡度、地块面积的影响，耕地撂荒和地块大小呈负相关，和其他3个因素呈正相关，即地块耕作距离越大、耕作高差越大、坡度越大，耕地更有可能发生撂荒；而地块面积越大，耕地越不容易发生撂荒。

第 6 章　乡镇尺度耕地摞荒影响因素分析

地块尺度耕地摞荒的影响因素如耕作距离、土地质量等因素,只是影响农户利用土地进行农业经营的产出情况和一部分成本,事实上,耕地是否摞荒还受到当地耕地资源丰寡、劳动力禀赋、经济发展水平等因素的影响。而这些因素在乡镇尺度上才能看出明显的差异。乡镇是中国最基层的行政和经济单元,是国民经济的基础性单元,是县域经济的基础和重要组成部分,是农村经济的主体。乡镇尺度耕地摞荒的研究是对地块、农户和村庄尺度的摞荒研究的补充和完善。

重庆市石柱、巫山和酉阳 3 个县分别有乡镇 32 个、25 个和 38 个(截至 2011 年),合计 95 个。本章以重庆市 3 个县的 95 个乡镇为样本,基于乡镇尺度分析摞荒耕地的分布规律和耕地摞荒的影响因素。本章的摞荒耕地数据与第 5 章相同,同为第 4 章得到的地块摞荒状况按乡镇的统计数据;林地数据来源于 2011 年重庆 3 个县的土地利用现状图;人口、农民人均纯收入等社会经济数据来源于 2002 年的《石柱县农村经济情况统计表》《巫山县农村经济情况统计表》和《酉阳县农村经济情况统计表》等。

6.1　乡镇尺度摞荒率的空间差异

6.1.1　摞荒率的计算

乡镇摞荒率用以表征各乡镇的弃耕程度。重庆市石柱、巫山和酉阳 3 个县共

95 个乡镇,各乡镇的高程、坡度、人口、耕地等情况各不相同,导致各乡镇耕地撂荒的情况也相差悬殊。2002—2011 年期间,各乡镇耕地的利用情况发生了很大的变化。从 2002 年地形图中提取各乡镇期初耕地面积,从 2002—2011 年撂荒耕地图中提取各乡镇撂荒耕地面积,两者之比即为耕地撂荒率,单位是%(计算公式见本书 4.2 节)。

6.1.2 撂荒率在乡镇间的差异

重庆市石柱、巫山和酉阳 3 个县各乡镇自然环境、社会经济等条件不同,造成耕地撂荒率也多有不同(图 6-1,见文后彩插),相差非常悬殊,撂荒率最低的为黎场乡,只有 2.7%,耕地撂荒现象几乎不存在;撂荒率最高的为黄水镇,高达 51.6%,约有一半的耕地发生撂荒。本章将 95 个乡镇撂荒率按照 5% 的等差分成不同的区间,比较不同区间的乡镇数量,15%~20% 撂荒率区间乡镇数量最多,为 29 个乡镇,其次是 10%~15% 区间,有 23 个,20%~25% 区间的有 15 个;0%~5% 撂荒率区间的乡镇数量最少,仅有 1 个,其次是 >35% 区间的有 2 个乡镇。乡镇数量分布总体趋势是从 15%~20% 撂荒率区间向两侧逐渐递减(图 6-2)。

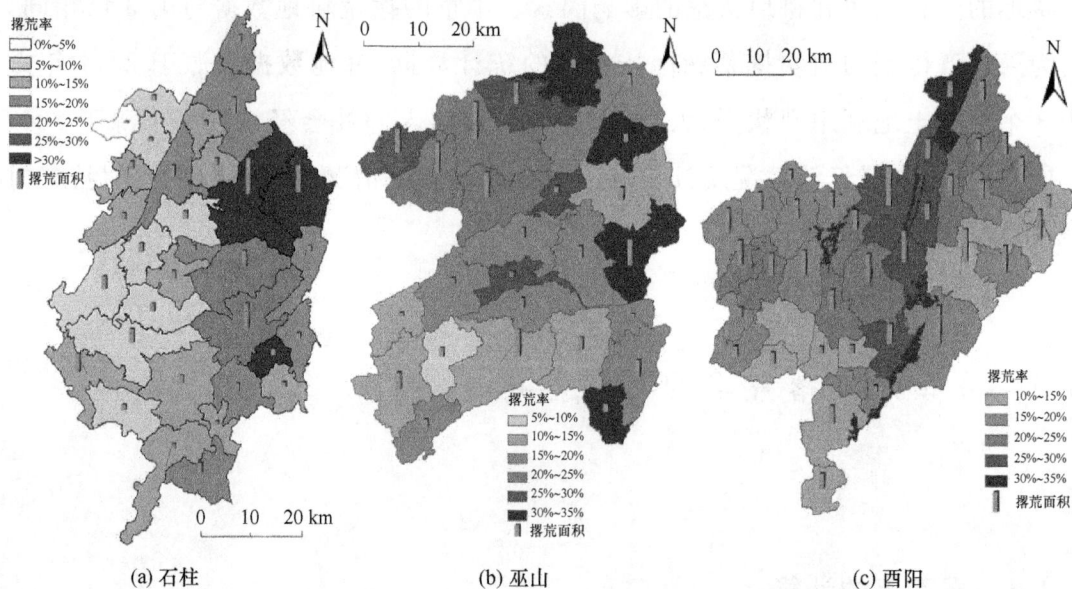

(a) 石柱　　　　　　(b) 巫山　　　　　　(c) 酉阳

图 6-1　乡镇撂荒率分级与撂荒面积分布

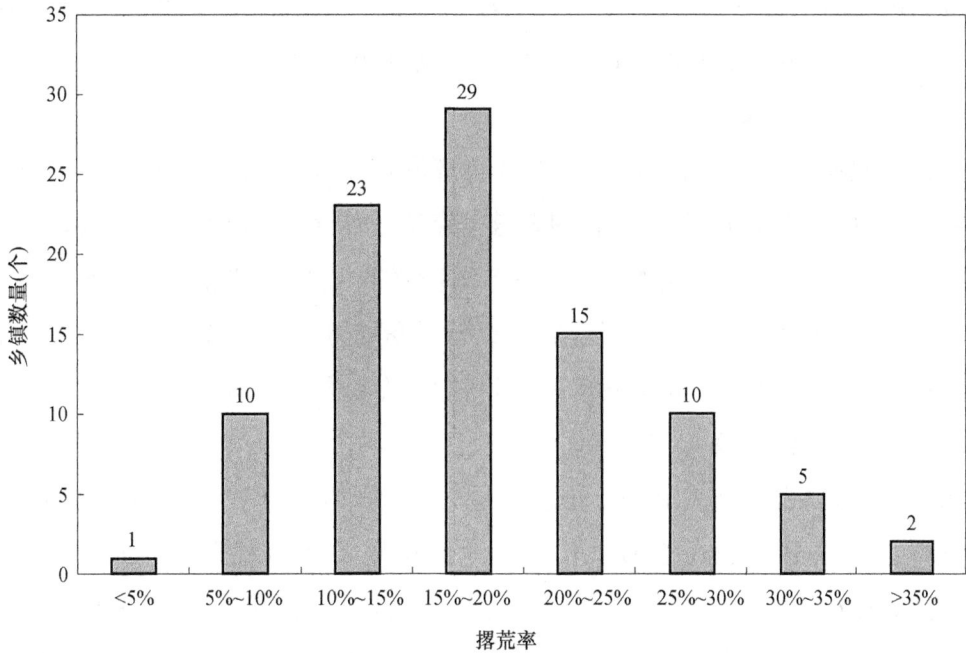

图 6-2　乡镇数量在不同撂荒率区间内的分布

6.2　撂荒率在乡镇间差异的影响因素分析

本书第 5 章地块尺度的分析已经得出结论,耕地地块的耕作距离、耕作高差、地块坡度、地块大小等在微观层面上对地块撂荒与否有重要的影响。但同时在乡镇的宏观层面,区域的经济发展水平、耕地资源禀赋、生态环境、野生动物、交通状况等都可能影响耕地撂荒的发生。本章以 95 个乡镇的撂荒率为因变量,劳均耕地面积、农民人均纯收入、乡镇海拔高程、地形坡度、林地占比、乡镇距县城距离和距重庆主城区距离为自变量,基于乡镇尺度来分析耕地撂荒的主要影响因素。

6.2.1　指标的选取

6.2.1.1　劳均耕地面积

本书所用的劳均耕地,是指平均每个农业劳动力经营的耕地面积。乡镇劳均耕地可以反映乡镇务农劳动力的耕地资源禀赋。劳均耕地越小,即每个农业劳动力经营的耕地面积越少,农民会对耕地越珍惜和重视,撂荒发生的可能性相对较小,反之,则越容易发生耕地撂荒。所以乡镇劳均耕地可能会影响耕地撂荒的发生。

6.2.1.2　农民人均纯收入

乡镇撂荒率的高低可能还与当地的经济发展水平相关。一般经济发展水平高的乡镇,农民的非农从业机会相对较多,劳动力的务农机会成本较高。这无疑会抬高农业经营中的劳力成本,增大耕地撂荒的可能性。当然,经济发展水平较高的乡镇,农户比较富裕,能够用于农业经营的资金也较为丰富,可能会减小耕地撂荒的可能性。乡镇的经济发展水平可以用农民人均纯收入来代表。

6.2.1.3　乡镇海拔高程

几十年前,当农民开发荒地、增加耕地时,一般是先开发地势低的地方,后开发地势高的地方,因为低山丘陵区比高山地区耕作条件相对更好。如今当农民因外出务工等原因纷纷弃耕撂荒时,一般先从高山区退耕,因为高山区相对低山区耕种条件更恶劣,水土条件较差。重庆3个县的95个乡镇,各乡镇地形不同,乡镇海拔高程相差悬殊。所以乡镇海拔高程也是影响耕地撂荒的重要因素。因本研究的对象是耕地撂荒情况,所以用乡镇平均耕地海拔高程来代表乡镇海拔高程。

6.2.1.4　乡镇地形坡度

95个乡镇的地貌崎岖程度也是不一样的,考虑到各乡镇到中心市场的距离和通勤难易程度,乡镇地貌崎岖程度的差异影响了农业经营获取生产资料或者出售产品所连带的费用高低,进而影响到耕地撂荒。乡镇地形坡度用乡镇耕地平均坡度来代表。

6.2.1.5　林地占比

本书所用的林地占比,是指各乡镇林地面积占乡镇土地面积的百分比。乡镇林地占比可以反映生态环境及野生动物尤其是野猪对经营耕地的影响。林地是人类干扰较小的土地类型,野猪一般以林地为其栖息地。随着生态植被的恢复和生态环境的改善,野生动物数量越来越多,活动区域逐渐扩大,林地占比可以在一定程度上反映野生动物的相对数量和对耕地的影响程度。所以林地占比也可能会影响撂荒率的大小。

6.2.1.6　乡镇距县城距离

乡镇距县城距离可以在一定程度上反映乡镇到达县级城镇的便捷程度,这可能会影响农业经营获取生产资料或者出售产品所连带的费用高低。所以乡镇距县城距离的远近也有可能影响到耕地撂荒。

6.2.1.7　乡镇距重庆主城区距离

乡镇距重庆主城区距离可以在一定程度上反映乡镇到达大都市的便捷程度，它可以影响乡镇商品的流通。乡镇距重庆主城区距离的远近也有可能影响到耕地撂荒。

6.2.2　指标的计算

6.2.2.1　劳均耕地面积

具体计算方法为，首先利用 ArcGIS 9.3 软件中的 Calculate Geometry 工具计算 2002 年耕地图中每块耕地的面积，再以乡镇为单位利用 Summarize 工具提取每个乡镇的耕地总面积，从《农村经济情况统计表》整理各乡镇农业劳动力数据，两者之比即为劳均耕地，单位是 hm²/人。用下式表示：

$$劳均耕地 = \frac{耕地总面积}{农业劳动力} \tag{6-1}$$

6.2.2.2　农民人均纯收入

乡镇农民人均纯收入在一定程度上可以反映各乡镇的经济发展水平。本书所用的 2002 年分乡镇农民人均纯收入数据来自于各县的《农村经济情况统计表》，包括农业收入和非农收入，单位是元。

6.2.2.3　乡镇海拔高程

乡镇海拔高程可以反映乡镇耕地的地形条件。具体计算方法为：将 2002 年乡镇耕地图与 DEM 图（分辨率 30 m）叠加，利用 ArcGIS 9.3 软件中的 Zonal Statistics as Table 提取各耕地地块的平均海拔高程。考虑到各耕地地块面积相差悬殊，再以乡镇为单位，计算附加地块面积权重的乡镇耕地高程。

6.2.2.4　乡镇地形坡度

乡镇地形坡度可以在一定程度上反映乡镇耕地的质量情况。具体计算方法为：将 2002 年乡镇耕地图与 SLOPE 图（分辨率 30 m）叠加，利用 ArcGIS 9.3 软件中的 Zonal Statistics as Table 工具提取各地块的平均坡度。同样，考虑到各耕地地块面积相差悬殊，再以乡镇为单位，计算附加地块面积权重的乡镇耕地坡度。

6.2.2.5　林地占比

本书所用的林地占比,是指各乡镇林地面积占土地面积的百分比。因为本研究缺失基期 2002 年的林地数据,而收集到了 1997 年和 2011 年 3 个县的土地利用现状图。可以提取 1997 年和 2011 年 3 个县的林地面积,进行对比。从图 6-3 可以看出,1997—2011 年间,重庆市石柱、巫山和酉阳 3 个县的林地面积变化不大,变化率都不超过 15%,所以基本可以用 3 个县末期 2011 年的林地面积数据代替基期 2002 年的林地面积数据。林地占比具体计算方法为:首先利用 ArcGIS 9.3 软件中的 Calculate Geometry 工具计算 2011 年土地利用现状图中每块林地图斑的面积,再以乡镇为单位利用 Summarize 工具提取每个乡镇的林地总面积,然后利用 Calculate Geometry 工具计算各乡镇的土地面积,两者之比即为林地占比,单位是%。用下式表示:

$$林地占比 = \frac{林地总面积}{土地总面积} \times 100\% \tag{6-2}$$

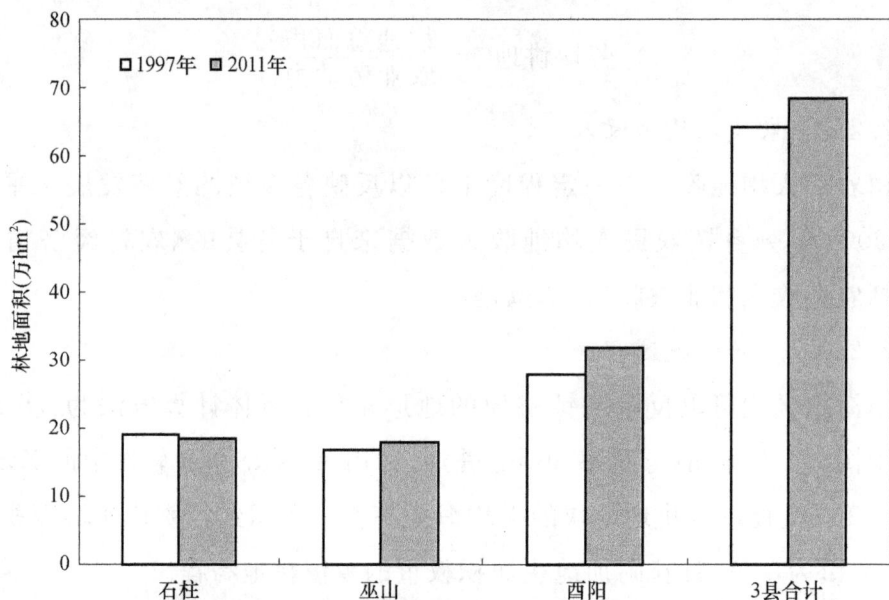

图 6-3　1997 年和 2011 年重庆市 3 个县林地面积

6.2.2.6　乡镇距县城距离

乡镇距县城距离可以在一定程度上反映乡镇到达县级城镇的便捷程度,它可以影响乡镇商品的流通。具体计算方法是:首先在 ArcGIS 9.3 软件中导入重庆 3 个县的乡镇分布图,利用 Feature to Point 工具将各乡镇面状图斑转为点状图斑,即确定乡镇重心点位置,提取县城所在乡镇的重心点,然后用 Point Distance 工具计算各乡镇点到县城点的距离(图 6-4)。

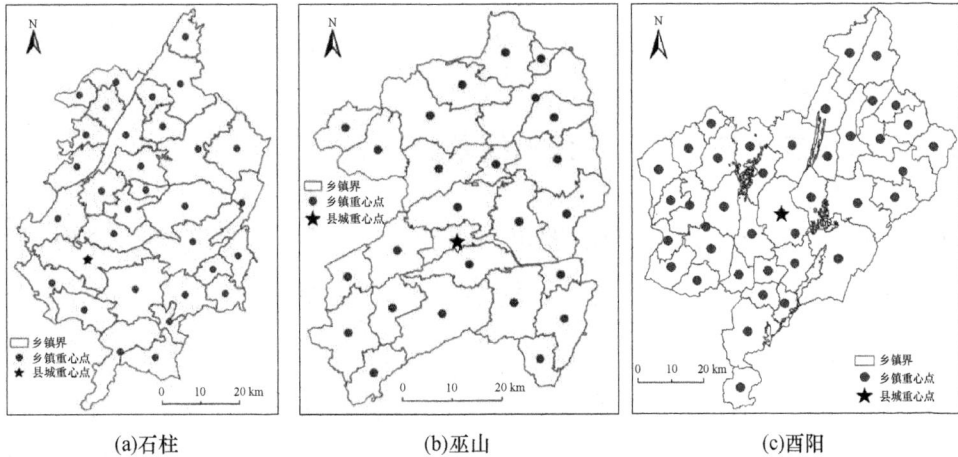

图 6-4   重庆市 3 个县乡镇和县城相对位置

6.2.2.7   乡镇距重庆主城区距离

乡镇距重庆市主城区距离可以在一定程度上反映乡镇到达大都市的便捷程度,它可以影响乡镇商品的流通。具体计算方法是,首先在 ArcGIS 9.3 软件中导入重庆市 3 个县的乡镇分布图,利用 Feature to Point 工具将各乡镇面状图斑转为点状图斑,即确定重心点位置,用同样方法提取重庆主城区重心点,然后用 Point Distance 工具计算各乡镇点到重庆主城区点的距离(图 6-5)。

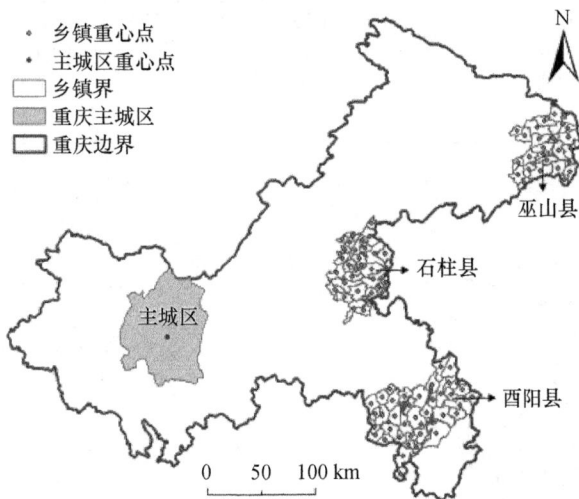

图 6-5   重庆市 3 个县乡镇与重庆市主城区相对位置

6.3　乡镇尺度耕地撂荒分析

6.3.1　乡镇尺度上各因素与撂荒率简单相关分析

从图6-6各变量与撂荒率散点图可以看出,7个变量与撂荒率全部为正相关。7个变量中乡镇海拔高程、地形坡度、林地占比和乡镇距重庆主城区距离4个变量在1%置信水平上显著相关;农民人均纯收入在10%置信水平上显著相关(表6-1);而乡镇距县城距离和劳均耕地面积与撂荒率的相关性较弱。由此说明,乡镇海拔高程越高、坡度越大、林地占比越高、距离主城区越远、农民人均纯收入越高,则乡镇撂荒率越高。

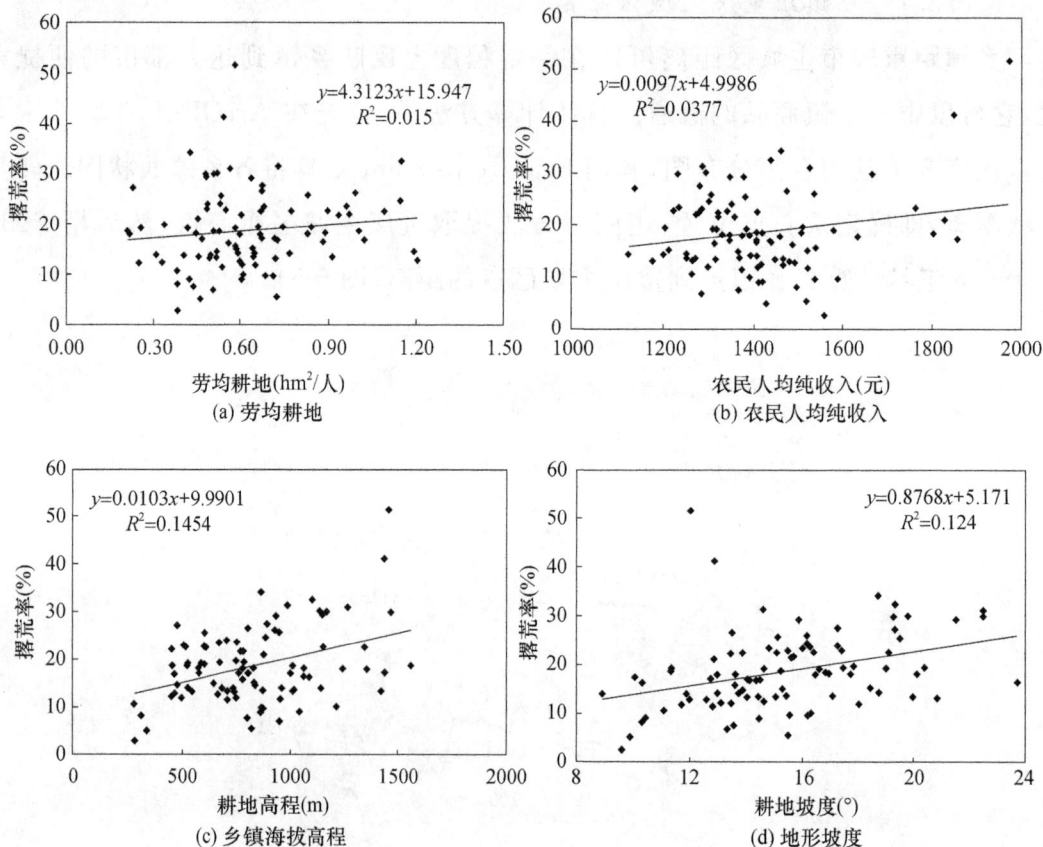

$y=4.3123x+15.947$
$R^2=0.015$

(a) 劳均耕地

$y=0.0097x+4.9986$
$R^2=0.0377$

(b) 农民人均纯收入

$y=0.0103x+9.9901$
$R^2=0.1454$

(c) 乡镇海拔高程

$y=0.8768x+5.171$
$R^2=0.124$

(d) 地形坡度

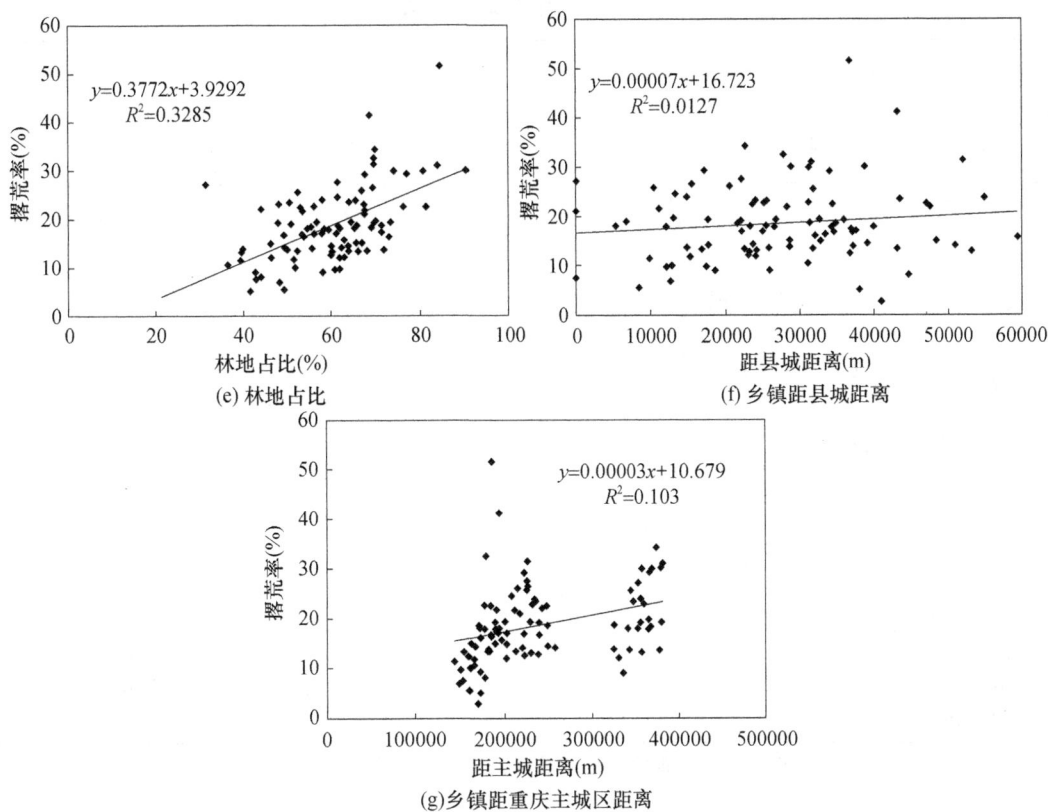

$y=0.3772x+3.9292$
$R^2=0.3285$

(e) 林地占比

$y=0.00007x+16.723$
$R^2=0.0127$

(f) 乡镇距县城距离

$y=0.00003x+10.679$
$R^2=0.103$

(g)乡镇距重庆主城区距离

图 6-6　乡镇各变量与撂荒率散点图

表 6-1　乡镇撂荒率与影响因素简单相关分析

	劳均耕地	农民人均纯收入	乡镇海拔高程	地形坡度	林地占比	乡镇距县城距离	乡镇距重庆主城区距离
Pearson相关系数	0.122	0.194*	0.381***	0.349***	0.573***	0.112	0.321***

注：***、**、*分别表示在 1%、5%、10%置信水平(双侧)显著相关。

6.3.2　全部变量的概括统计

表 6-2 展示了各变量的最小值、最大值、平均值、标准误差和相关性。此表表明 7 个变量和撂荒率都呈正相关。7 个变量中，乡镇海拔高程、地形坡度、林地面积占比、乡镇距重庆主城区距离在 1%的置信水平显著相关，农民人均纯收入在 10%的置信水平显著相关，乡镇距县城距离、劳均耕地与撂荒率弱相关。这些发现表明，乡镇海拔高程越高、坡度越大、林地面积占比越高、距主城区越远、农民人均纯收入越高，则乡镇撂荒率越高。

表 6-2　描述性统计和相关

	变量	最小值	最大值	平均值	标准误差	1	2	3	4	5	6	7
因变量	乡镇撂荒率	2.70	51.60	18.64	7.86	0.12	0.19*	0.38***	0.35***	0.57***	0.11	0.32***
自变量	1 劳均耕地面积(ln)	−1.56	0.19	−0.54	0.37	1.00						
	2 农民人均纯收入(ln)	7.02	7.59	7.24	0.11	0.05	1.00					
	3 乡镇海拔高程(ln)	5.64	7.35	6.67	0.37	0.37***	0.11	1.00				
	4 地形坡度(ln)	2.19	3.17	2.71	0.21	−0.02	−0.15	0.39***	1.00			
	5 林地面积占比	21.20	90.20	59.83	11.93	0.21**	−0.03	0.67***	0.52***	1.00		
	6 乡镇距县城距离(ln)	8.58	11.00	10.15	0.48	0.22*	−0.03	−0.16	−0.24**	0.09	1.00	
	7 乡镇距重庆主城区距离(ln)	11.88	12.85	12.34	0.29	−0.33***	−0.24**	0.003	0.51***	0.17	−0.11	1.00

注：* 10%置信水平显著相关；** 5%置信水平显著相关；*** 1%置信水平显著相关。

鉴于 95 个乡镇的撂荒率相差比较悬殊，我们做出了基于 DEM 的乡镇海拔高程与撂荒率叠加效果图（图 6-7，见文后彩插）和基于 SLOPE 的乡镇地形坡度和撂荒率叠加效果图（图 6-8，见文后彩插）。仔细对高程与撂荒率图、坡度与撂荒率图进行对比观察，可以看出海拔高程较高、地形坡度较大的地区，乡镇撂荒率往往较高；相反，海拔高程较低、坡度较小的地区，乡镇撂荒率相对较低。其中石柱县高程图和巫山县坡度图体现尤为明显。由此判断，整体的地形崎岖程度可能对耕地撂荒与否有重要影响。

6.3.3　乡镇尺度上各因素与撂荒率多元回归分析

通过对乡镇劳均耕地、农民人均纯收入、乡镇海拔高程、地形坡度、林地占比、乡镇距县城距离和距主城距离 7 个变量与撂荒率单要素进行相关分析发现，7 个因素对耕地撂荒都有不同程度的影响。但耕地撂荒是一个非常复杂的现象，同时受到多种因素的综合影响，各个变量在综合影响的过程中还有可能相互干扰、削弱或抵消。为综合分析各要素对耕地撂荒同时产生的综合影响，采用 SPSS 多元线性回归分析方法，进行多个变量对耕地撂荒影响的综合研究，因变量为乡镇撂

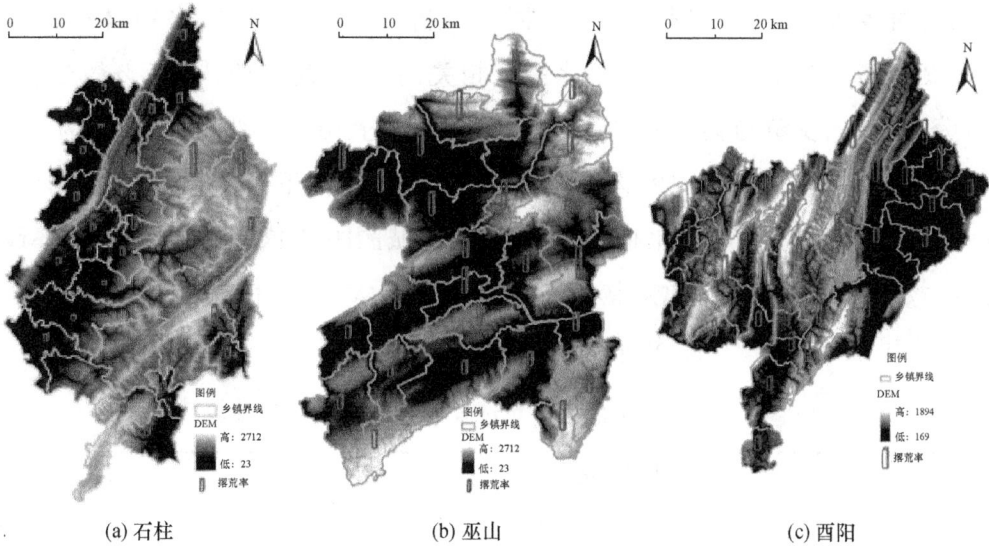

(a) 石柱　　　　　　　　(b) 巫山　　　　　　　　(c) 酉阳

图 6-7　重庆市 3 个县乡镇海拔高程与撂荒率

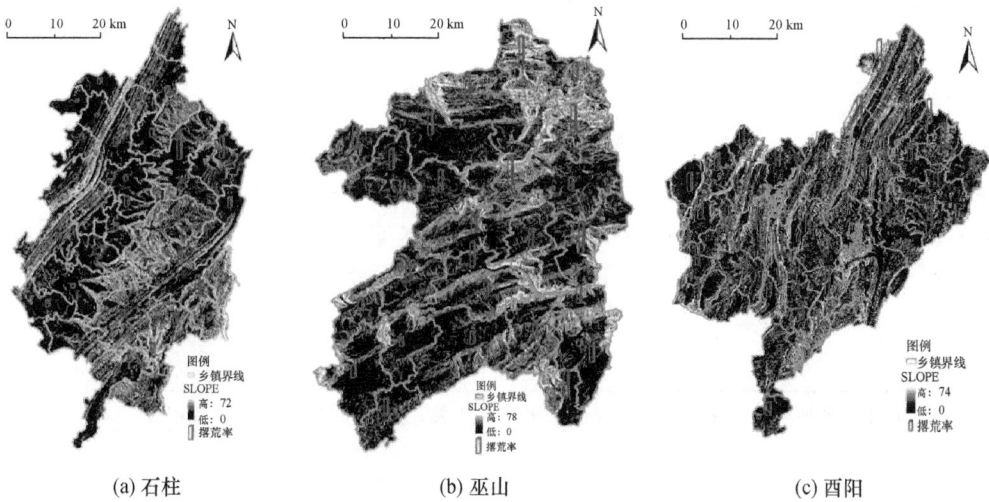

(a) 石柱　　　　　　　　(b) 巫山　　　　　　　　(c) 酉阳

图 6-8　重庆市 3 个县乡镇坡度与撂荒率

荒率,自变量为乡镇劳均耕地等 7 个指标。为保证自变量和因变量的线性关系,乡镇劳均耕地面积等 6 个自变量取 ln 值,林地面积占比使用原始数据。

VIF 表示回归分析中自变量之间相关性的程度。VIF＝1,表示自变量不相关,1＜VIF＜5,自变量中等相关;5＜VIF＜10,自变量高度相关;VIF＞10,则多重共线性过度影响了回归结果,此时可以从模型中去除不重要的预测变量来减小多重共线性。经过 7 个自变量的共线性诊断,VIF 值全部小于 2.3,说明在乡镇尺度上,7 个变量基本不存在共线性。

　　通过对乡镇各变量与撂荒率线性回归分析结果可以看出,乡镇林地占比、距重庆主城距离 2 个变量在 1‰ 置信水平上相关;农民人均纯收入在 5‰ 置信水平上相关,劳均耕地、乡镇与县城距离在 10‰ 置信水平上相关。调整后 R^2 值为 0.458,说明该模型具有较好的模拟效果。5 个变量与撂荒率呈正相关,即农民人均纯收入越高、劳均耕地越多、林地占比越大、距县城和主城区距离越远,则乡镇撂荒率越高。从标准系数看,乡镇林地占比对撂荒率影响程度最大,其他依次是乡镇距重庆主城区距离、农民人均纯收入、劳均耕地和乡镇与县城距离(表 6-3)。

表 6-3　乡镇尺度变量与撂荒率线性回归分析结果

模型	非标准化系数		标准系数	t	Sig.	共线性统计	
	B	标准误				公差	VIF
常量	−304.126	57.478		−5.291	0.000		
劳均耕地面积 (ln)	3.853	2.029	0.179*	1.899	0.061	0.701	1.426
农民人均纯收入 (ln)	17.042	6.825	0.222**	2.497	0.014	0.790	1.265
乡镇海拔高程 (ln)	2.546	2.222	0.121	1.146	0.255	0.562	1.780
地形坡度 (ln)	4.005	4.292	0.107	0.933	0.35	0.478	2.094
林地面积占比	12.908	4.356	0.351***	2.963	0.004	0.44	2.253
乡镇与县城距离 (ln)	2.396	1.412	0.147*	1.697	0.093	0.832	1.201
乡镇与重庆主城区距离 (ln)	7.826	2.660	0.296***	2.942	0.004	0.618	1.619
调整后 R^2	0.458						
F	13.795						
样本数量	95						

注:*10‰ 置信水平显著相关;**5‰ 置信水平显著相关;***1‰ 置信水平显著相关。

6.4　小结

　　以重庆市石柱、巫山和酉阳 3 个县的 95 个乡镇为样本,选取乡镇劳均耕地面积、农民人均纯收入、乡镇海拔高程、地形坡度、林地占比、乡镇距县城距离和乡镇距重庆主城区距离共 7 个变量,通过各变量与撂荒率的相关分析和多元回归分析,研究了撂荒耕地分布规律和耕地撂荒的主要影响因素,结论如下。

　　(1)将撂荒率与乡镇劳均耕地面积、农民人均纯收入、乡镇海拔高程、地形坡度、林地占比、乡镇距县城距离、乡镇距重庆主城区距离共 7 个变量分别进行相关分析,得出撂荒率与 7 个指标的 Pearson 相关系数分别为 0.122、0.194、0.381、0.349、0.573、0.112 和 0.321。其中,乡镇海拔高程、地形坡度、林地占比和乡镇距重庆主城区距离 4 个变量与撂荒率在 1% 置信水平上相关,农民人均纯收入与撂荒率在 10% 置信水平上相关。7 个指标与撂荒率全部为正相关,即劳均耕地越大、农民人均纯收入越高、海拔高程和地形坡度越高、林地占比越大、乡镇距县城和主城区距离越远,乡镇撂荒率越高。

(2)比较 7 个变量与撂荒率的两两相关系数发现,对耕地撂荒率影响最大的因素是乡镇林地占比,其次是乡镇海拔高程、地形坡度、乡镇距重庆主城区距离和农民人均纯收入,劳均耕地和乡镇距县城距离相对影响较小。

(3)通过对乡镇 7 个变量与撂荒率的多元线性回归分析结果可以看出,乡镇林地占比、距重庆主城距离 2 个变量在 1% 置信水平上相关;农民人均纯收入在 5% 置信水平上相关,劳均耕地、乡镇与县城距离在 10% 置信水平上相关。调整后 R^2 值为 0.458,说明该模型具有较好的模拟效果。从标准系数可以看出,乡镇林地占比对撂荒率影响程度最大,其他依次是乡镇距重庆主城区距离、农民人均纯收入和劳均耕地。而乡镇海拔高程、地形坡度对耕地撂荒影响较小。说明野生动物危害大、地处偏远、人均收入高而劳均耕地较多的地区,耕地撂荒的可能性更大。

第7章　耕地撂荒风险分析

依据本书第 5 章基于地块尺度对于山区耕地撂荒现象的特点和影响因素的调查分析,建立经验模型,评估现有耕地(尚未撂荒的)未来撂荒的风险大小。评估结果对于这些耕地资源未来利用方式的选择和政府退耕还林工程的空间安排等,都具有重要的参考价值。根据第 5 章得出的结论,评估依据的指标,选择地块耕作距离、耕作高差、地块坡度、地块大小等指标,在地块尺度上这些因素与耕地撂荒与否的关系最为密切。通过耕地撂荒风险的单项评价和综合评价,可以将全部耕地地块按未来撂荒风险的大小分成低、中、高三级,以了解各级别地块的分布规律,分析其形成的原因和影响因素。

7.1　耕地撂荒风险的评价方法

基于地块尺度,以 2011 年重庆市 3 个县未撂荒的 21.71 万个耕地地块为对象,选取耕作距离、耕作高差、耕地地块坡度、耕地地块大小 4 个指标,评估现有耕地(尚未撂荒的)未来撂荒的风险大小。评价结果按 4 个指标的单项评价和综合评价给出。

7.1.1　单项评价

依据第 5 章地块尺度分析中耕作距离、耕作高差、地块坡度、地块大小与撂荒率的关系(Shi et al,2016),对 2011 年 21.71 万个耕地地块的 4 个指标分别赋值,分值取 0～1,分值越高表示撂荒风险越大,分值越低撂荒风险越小(表 7-1)。

表 7-1　2011 年重庆 3 个县耕地地块指标赋值情况

耕作距离	耕作高差	耕地地块坡度	耕地地块大小	赋值
<500 m	<80 m	<12°	>300 m²	0.4
500~900 m	80~120 m	12°~24°	100~300 m²	0.7
>900 m	>120 m	>24°	<100 m²	0.9

7.1.1.1　耕作距离

耕作距离指农户到评估地块耕作的通勤距离,反映通勤的难易程度和劳力的耗费情况,取评估地块距最近居民点的水平直线距离。根据第 5 章图 5-1 得出的耕作距离与撂荒率的关系,发现耕作距离越大,耕地撂荒率越高,而 500 m 和 900 m 是两个转折点。耕作距离<500 m 的耕地撂荒率主要在 15%~20%范围波动,500~900 m 的耕地撂荒率主要在 20%~35%范围波动,>900 m 的耕地撂荒率急剧增加到 40%以上。根据这一规律,将耕作距离<500 m 的耕地地块的指标赋值为 0.4 的低分,耕作距离 500~900 m 赋值为 0.7 分,耕作距离>900 m 赋值为 0.9 的高分。

7.1.1.2　耕作高差

耕作高差指农户居住地与评估地块间的垂直高差,反映通勤的难易程度和劳力的耗费情况,取评估地块与村庄居民点平均高程的高差绝对值。根据第 5 章图 5-2 得出的耕作高差与撂荒率的关系,发现耕作高差越大,耕地撂荒率越高,而 80 m 和 120 m 是两个转折点。耕作高差<80 m 的耕地撂荒率不足 16%,当耕作高差超过 120 m 时,撂荒率达到 18%以上。根据这一规律,将耕作高差<80 m 的耕地地块的指标赋值为 0.4 的低分,耕作高差 80~120 m 赋值为 0.7 分,耕作高差>120 m 赋值为 0.9 的高分。

7.1.1.3　耕地地块坡度

耕地地块坡度反映土地的质量和使用机械的难易程度,取评估地块的平均坡度值。根据第 5 章图 5-3 得出的耕地地块坡度与撂荒率的关系,发现地块坡度越大,耕地撂荒率越高,而 12°和 24°是两个转折点,耕地地块坡度<12°的耕地撂荒率主要在 16%上下波动,当耕地地块坡度超过 12°时,撂荒率达到 17%以上,当耕地地块坡度超过 24°时,撂荒率又开始急剧增加。根据这一规律,将耕地地块坡度<12°的指标赋值为 0.4 的低分,12°~24°赋值为 0.7 分,>24°赋值为 0.9 的高分。

7.1.1.4　耕地地块大小

耕地地块大小指评估地块的面积,反映地块的破碎程度、耕作通勤耗费劳力的程度及使用机械的难易程度。根据第 5 章图 5-4 得出的耕地地块大小与撂荒比的关系,发现地块越小,耕地撂荒比越高,而 100 m² 和 300 m² 是两个转折点,地块面积<100 m² 时耕地撂荒比能达到 8 以上,面积 100~300 m² 的耕地撂荒比为4~6,面积>300 m² 的耕地撂荒比为 1~4。根据耕地地块大小与撂荒比的这一关系,将面积<100 m² 的耕地地块的地块大小指标赋值为 0.9 的高分,面积 100~300 m² 赋值为 0.7 分,面积>300 m² 赋值为 0.4 的低分(表 7-1)。

7.1.2　综合评价

地块撂荒风险的综合评价,在各单项评价的基础上采用简单的加权算术平均法。撂荒风险综合评价公式如下:

$$R = \Sigma W_i L_i \tag{7-1}$$

式中:R 表示撂荒风险,W_i 表示各指标的权重,L_i 分别表示耕作距离、耕作高差、耕地地块坡度和耕地地块面积的单项分值。

经过计算,耕地地块的平均相对海拔高程为 99 m,平均坡度为 16°,平均耕作距离是 211 m,根据图 5-1~5-3 的三个指标所对应的撂荒率基本都在 17% 上下,所以各指标的权重 L_i 取相同值,即 0.25。因此,撂荒风险综合评价公式可转换为:

$$R=0.25\Sigma L_i \tag{7-2}$$

每个耕地地块有 4 个指标,每个指标的得分为 0.4~0.9,计算每个地块的总得分,最高分为 3.6 分,最低分为 1.6 分。根据全部地块的得分和各得分区间地块的比重,将耕地地块的撂荒风险分为低、中、高三级,<1.9 分为低撂荒风险耕地,1.9~2.2 分为中撂荒风险耕地,>2.2 分为高撂荒风险耕地。

7.2　现有耕地资源的状况分析

在对重庆市 3 个县耕地撂荒风险进行评估之前,有必要了解现有耕地资源的状况。耕作距离、耕作高差、地块坡度及地块大小反映了耕地资源的质量和耕作难易程度,影响耕地的生产力和耕作成本,是耕地资源综合生产能力的度量指标。依据前面章节介绍的遥感调查结果,本节以重庆市石柱、巫山和酉阳 3 个县 2011 年的 21.71 万个耕地地块为样本,逐地块对耕作距离、耕作高差、地块坡度及地块大小等 4 项指标进行统计,分析现有耕地资源的结构。

7.2.1 耕作距离

耕作距离代表耕地地块距最近居民点的远近。如图 7-1 所示,将耕作距离按 100 m 的等间距分成不同的区间,随着耕作距离的增加,3 个县耕地地块数量呈明显减少的趋势。其中 0~200 m 范围内集中了地块数量的 59.67%,200~400 m 范围内分布有地块数量的 28.03%,400~600 m 范围内分布有地块数量的 8.77%,当耕地地块距居民点距离超过 900 m 时,耕地地块数量仅占总量的 0.63%。耕作距离的平均值为 211 m。耕地地块面积的变化趋势和地块数量的变化趋势是一致的,随着耕作距离的增加而逐渐减小。

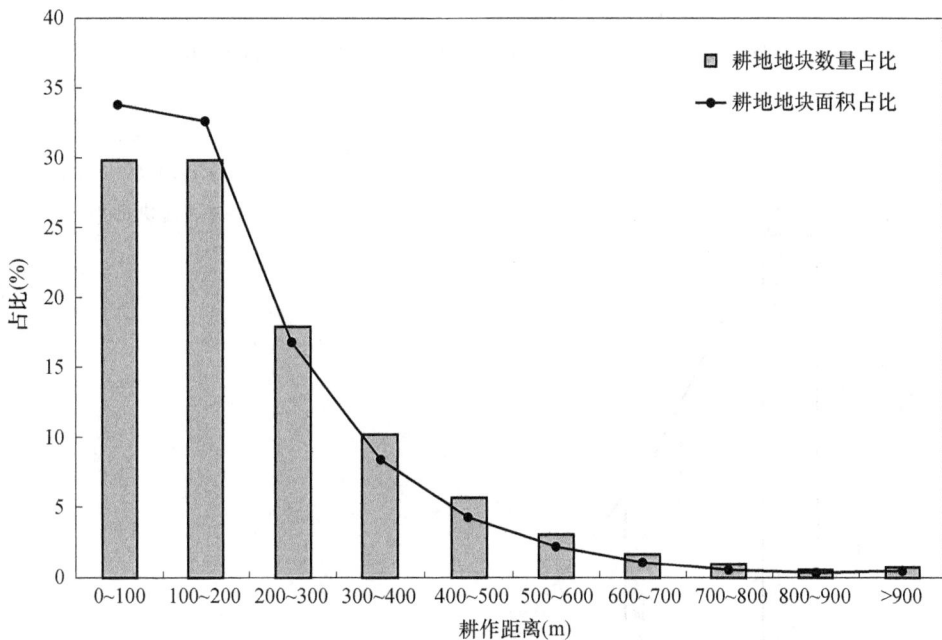

图 7-1 3 个县耕地资源在不同耕作距离上的分布

分别对比 3 个县耕地资源在不同耕作距离上的分布关系发现,巫山县和 3 个县的整体变化规律一致,随着耕作距离的增加,耕地地块数量和面积都逐渐减小

（图 7-2、图 7-3、图 7-4）；巫山县的耕地有 50％以上集中在 0～100 m 的耕作距离区间，而石柱和酉阳两县的耕地在 100～200 m 的耕作距离区间最多，巫山县的平均耕作距离是 110 m，远小于石柱县的 205 m 和酉阳县的 253 m。

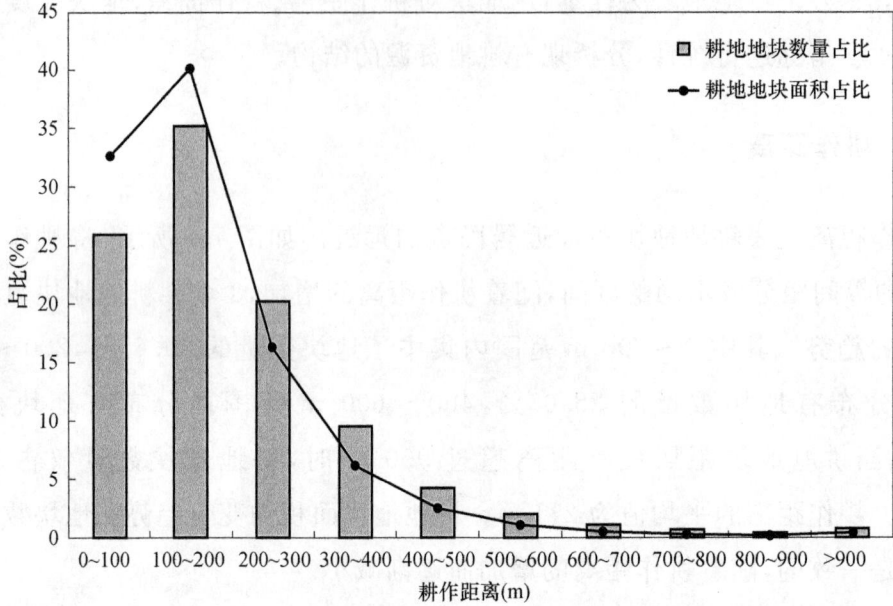

图 7-2　石柱县耕地资源在不同耕作距离上的分布

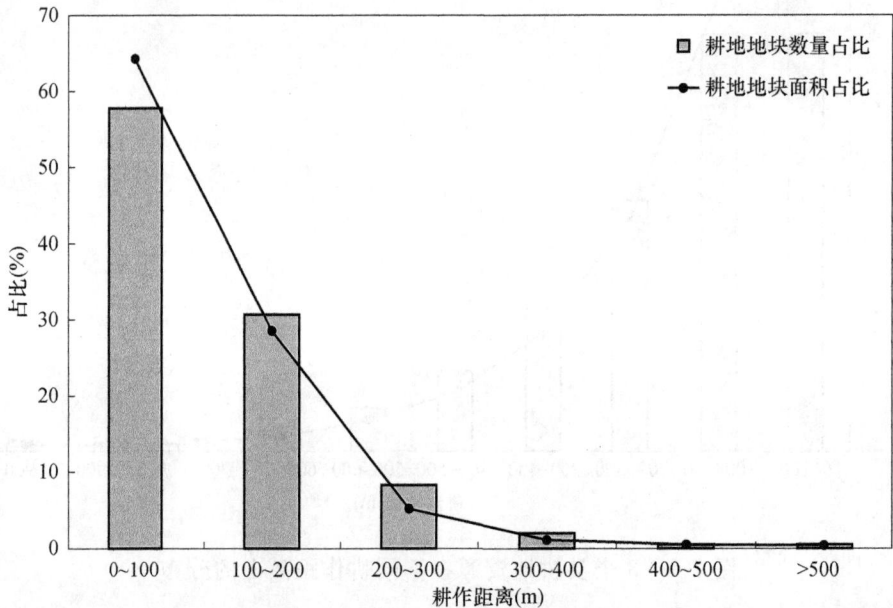

图 7-3　巫山县耕地资源在不同耕作距离上的分布

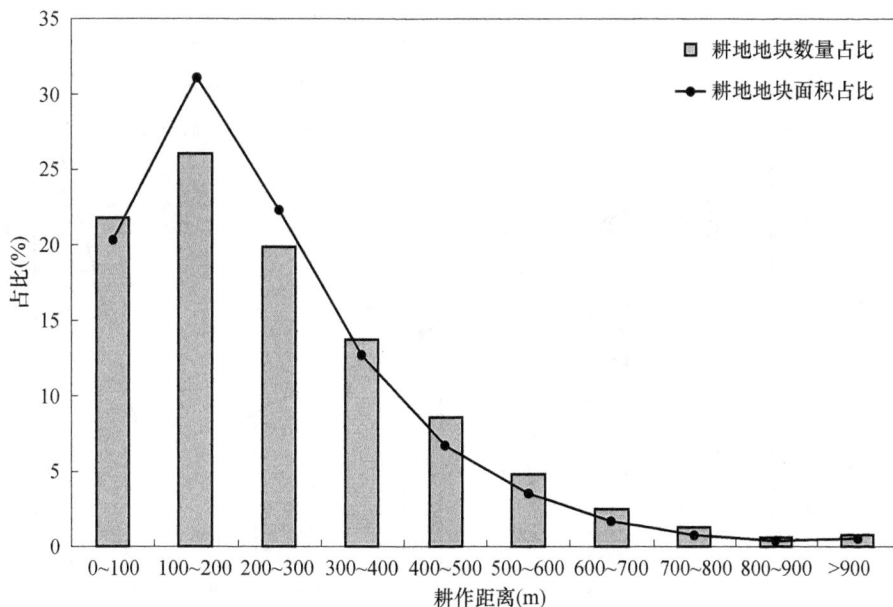

图 7-4 酉阳县耕地资源在不同耕作距离上的分布

7.2.2 耕作高差

耕作高差代表耕地地块与最近居民点的相对海拔高程，即往返地块与居民点高差。如图 7-5 所示，将耕作高差按 20 m 的等间距分成不同的区间，随着耕作高差的增加，耕地地块数量呈逐渐减少的趋势。其中，对于＞160 m 的地块未做分段统计。耕作高差的平均值为 97 m。耕地面积的变化趋势与地块数量的变化趋势是一致的，随着耕作高差的增加而逐渐减小。

分别对比 3 个县耕作高差与耕地地块数量和面积的关系发现，3 个县的变化趋势是一致的，即随着耕作高差的增加，耕地地块数量和面积都逐渐减小（图 7-6～图 7-8）。不同之处在于酉阳县耕地地块数量和面积的分布明显集中在＞160 m 的耕作高差区间，巫山县的平均耕作高差是 130 m，远大于石柱县的 84 m 和酉阳县的 93 m，说明巫山县耕地地形的崎岖程度远大于石柱和酉阳两个县。

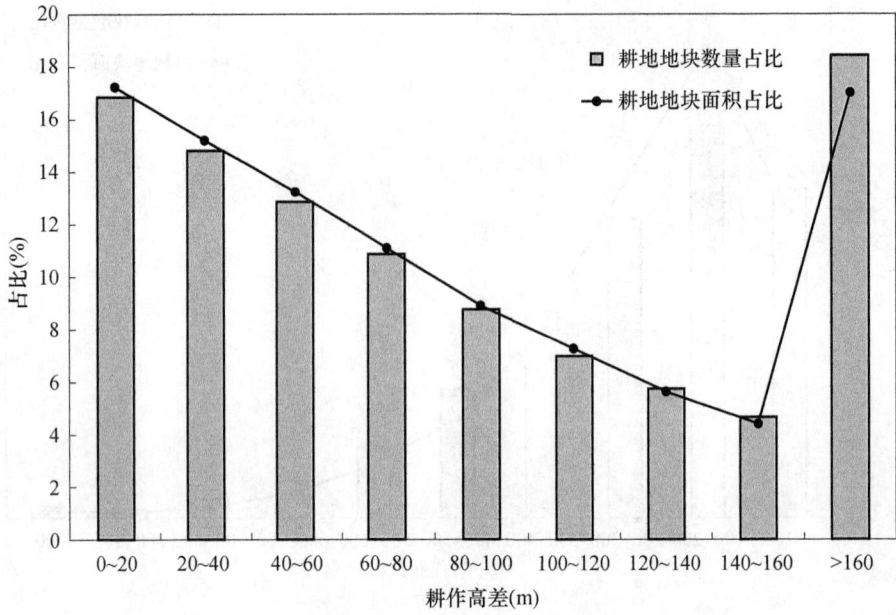

图 7-5　3 个县耕地资源在不同耕作高差上的分布

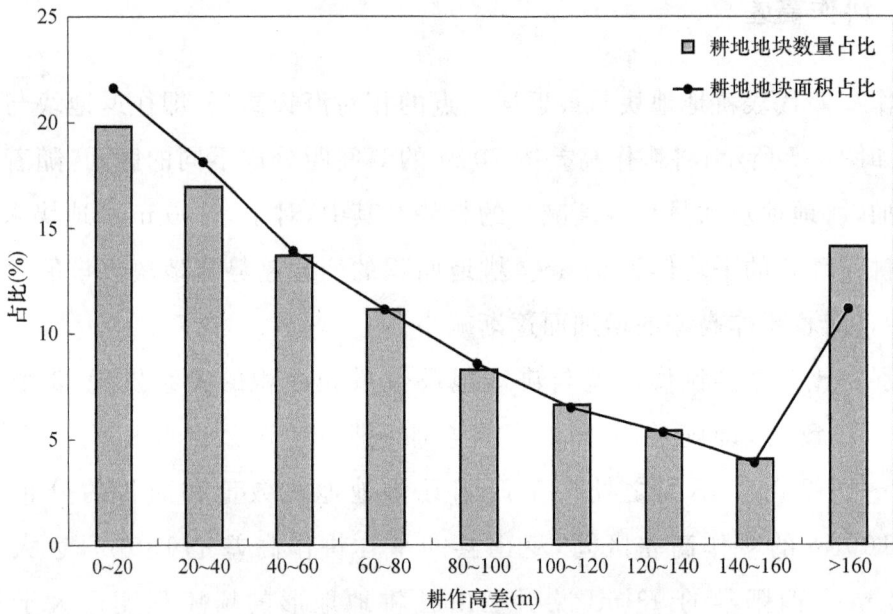

图 7-6　石柱县耕地资源在不同耕作高差上的分布

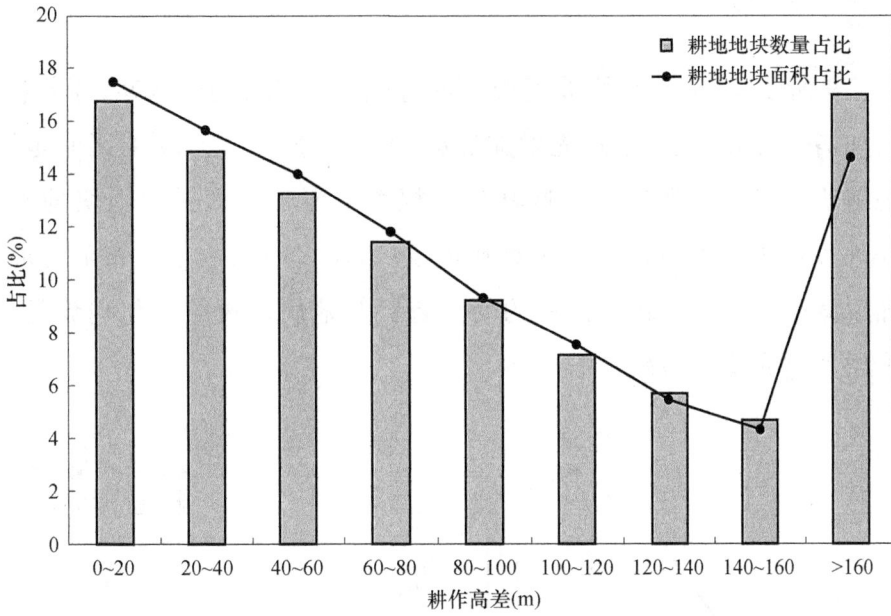

图 7-7 巫山县耕地资源在不同耕作高差上的分布

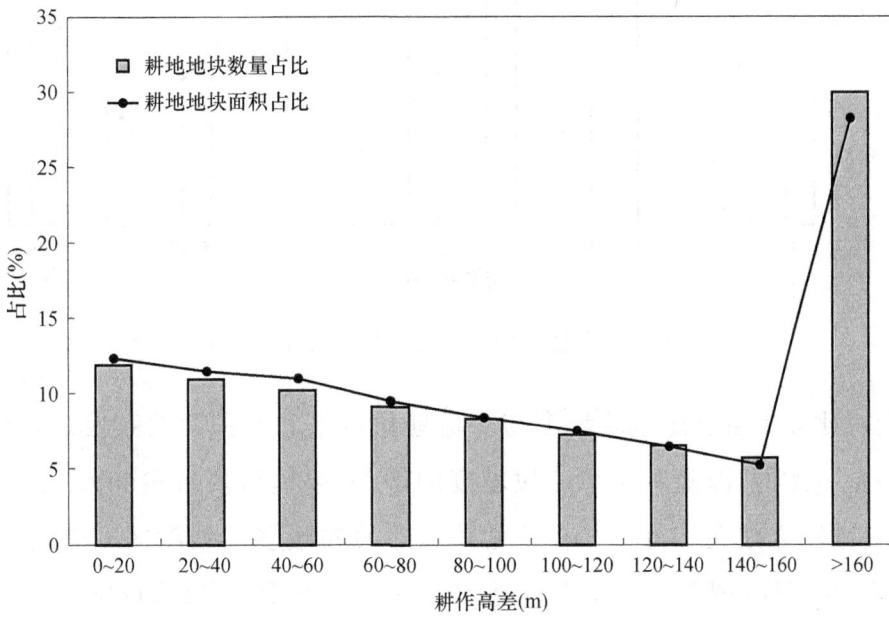

图 7-8 酉阳县耕地资源在不同耕作高差上的分布

7.2.3　耕地地块坡度

如图 7-9 所示,将耕地地块坡度按 3°的等间距分成不同的区间,随着耕地地块坡度的增加,耕地地块数量呈现先增加后减少的趋势。大于 30°的区间范围较大,所以耕地地块数量又有所增加。这种分布规律主要是因为耕地地块的平均坡度为 16°,小坡度和大坡度耕地地块相对数量较少,所以地块数量分布随着坡度增加呈先增加后减少的趋势。耕地面积的变化趋势与地块数量的变化趋势是一致的,随着坡度增加呈先增加后减少的趋势。

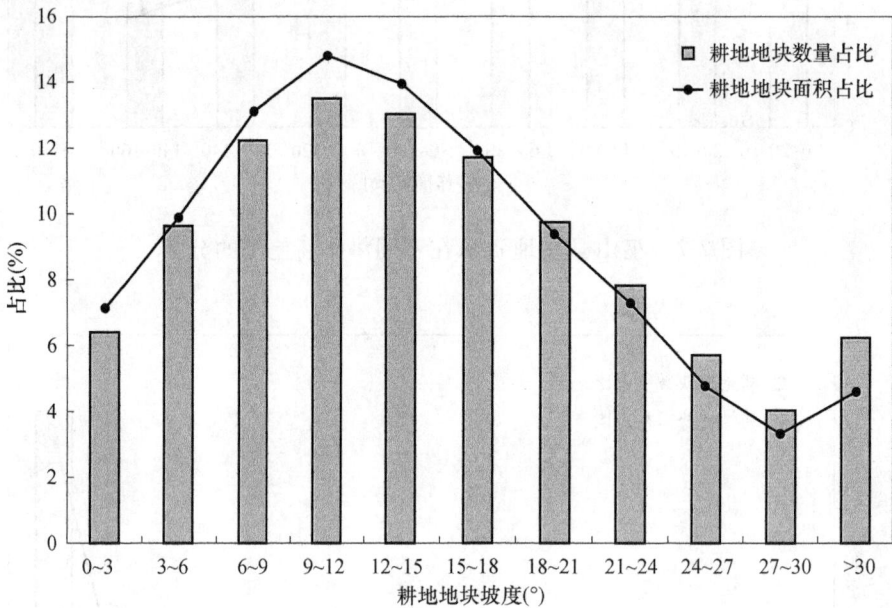

图 7-9　3 个县耕地资源在不同坡度上的分布

分别对比 3 个县耕地地块坡度与耕地地块数量和面积的关系发现,3 个县的变化趋势是一致的,即随着耕地地块坡度的增加,耕地地块数量和面积都是先增加后减小;不同之处在于每个县耕地地块数量分布最多的坡度区间略有不同,石柱县是 6°~9°区间(图 7-10),巫山县是 15°~18°区间(图 7-11),酉阳县是 9°~12°区间(图 7-12)。3 个县的耕地平均坡度也反映了同样的变化特征,石柱、巫山和酉阳 3 个县的耕地平均坡度分别是 14°、18°和 15°。

在坡耕地坡度分级中,15°和 25°是两个重要的分界线,15°以下为耕地适宜坡度,15°~25°水土流失严重,必须采取综合性措施防止水土流失;25°为国家规定的

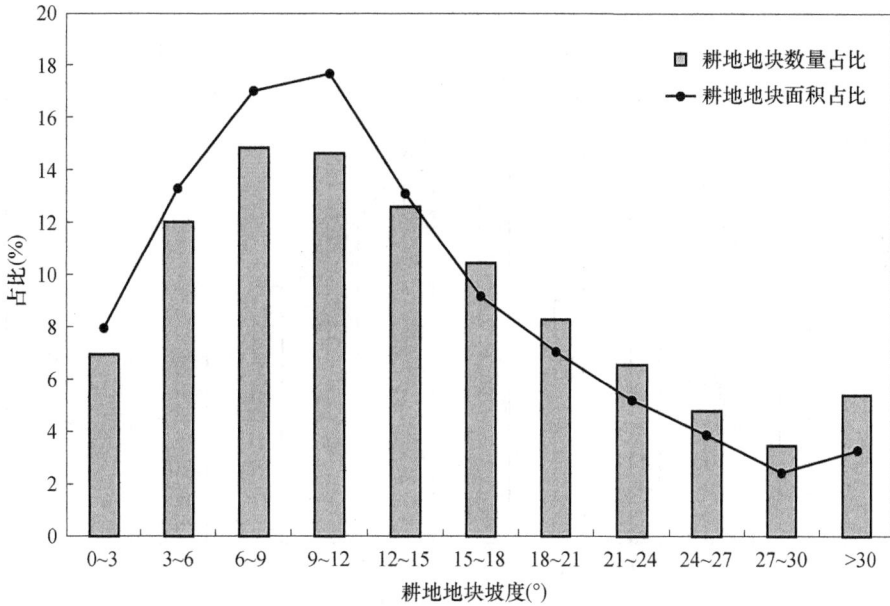

图 7-10　石柱县耕地资源在不同坡度上的分布

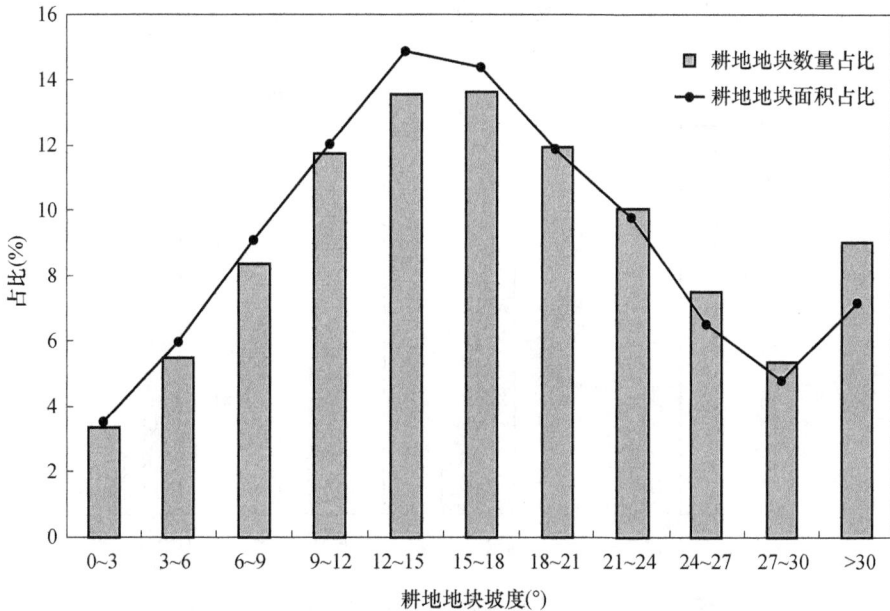

图 7-11　巫山县耕地资源在不同坡度上的分布

开荒限制坡度。对比 3 个县耕地在不同坡度上的分布可以看出，>25°的耕地面积占比情况，巫山县为 16%，远高于石柱的 8%和酉阳的 10%；15°～25°的耕地面积占比情况，巫山县为 38%，也高于石柱的 23%和酉阳的 30%；0～15°的耕地面积占比情况，石柱县为 69%，高于巫山的 49%和酉阳的 60%。因此，从耕地坡度角度对比 3 个县的耕地质量得出，石柱县相对最优，酉阳县次之，巫山县最差（图7-13）。

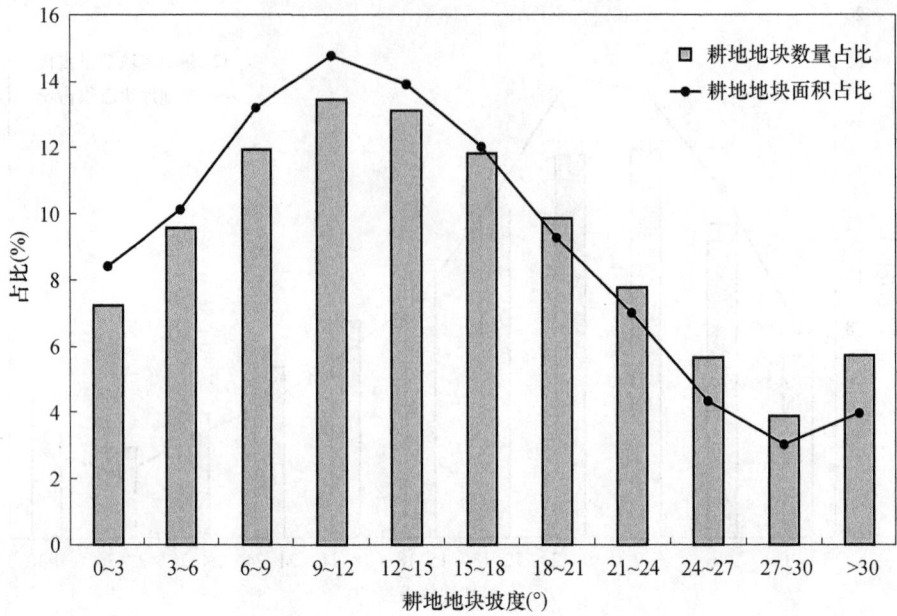

图 7-12　酉阳县耕地资源在不同坡度上的分布

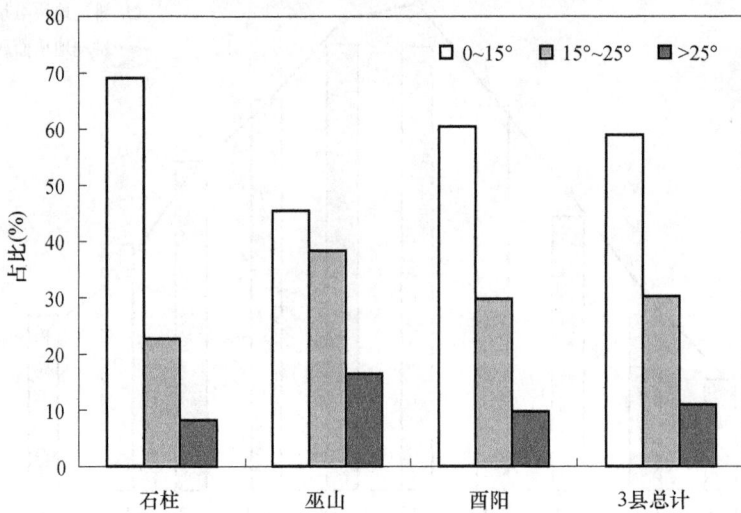

图 7-13　3 个县耕地面积在不同坡度上的分布

7.2.4　耕地地块大小

如图 7-14 所示,根据 3 个县耕地地块大小平均值 11732 m²,将耕地地块大小分成 0~100 m²、100~300 m²、300~700 m²、700~2000 m²、2000~7000 m²、7000~20000 m²、>20000 m² 不同的区间,可以看出,耕地地块大小分布的中值为 2000~7000 m² 区间,随着地块面积区间的增大,耕地总面积是逐渐增加的(图 7-14)。

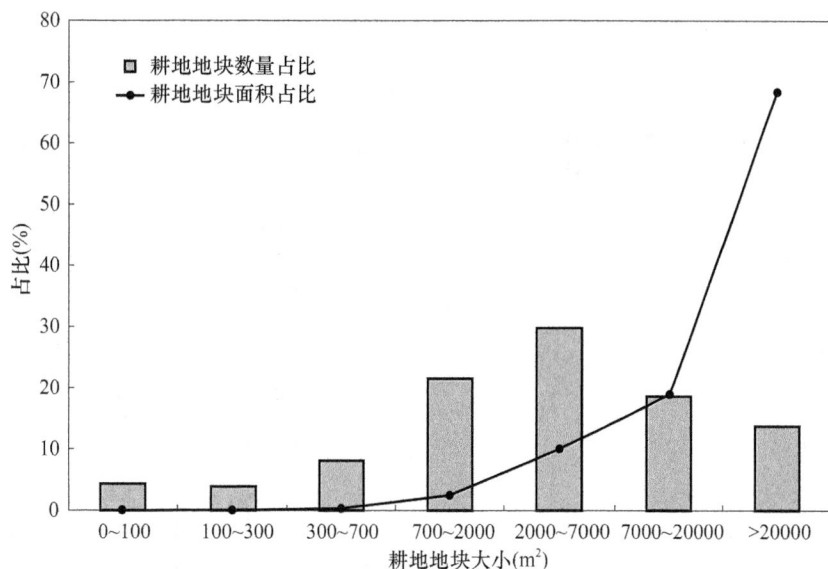

图 7-14　3 个县耕地资源在不同地块大小上的分布

分别对比 3 个县耕地地块大小与耕地地块数量和面积的关系发现,3 个县的变化趋势基本一致,只是每个县地块数量在各区间的比重略有不同(图 7-15、图 7-16、图 7-17),石柱县的小地块较多,<700 m² 地块数量占比为 31%,远高于巫山的 3% 和酉阳的 11%。石柱、巫山和酉阳 3 个县的平均地块大小分别为 0.86 hm²、1.52 hm² 和 1.25 hm²。相对而言,石柱县耕地地块最为破碎,巫山县耕地地块最大。

3 个县耕地地块评价指标的平均值如图 7-18 所示。

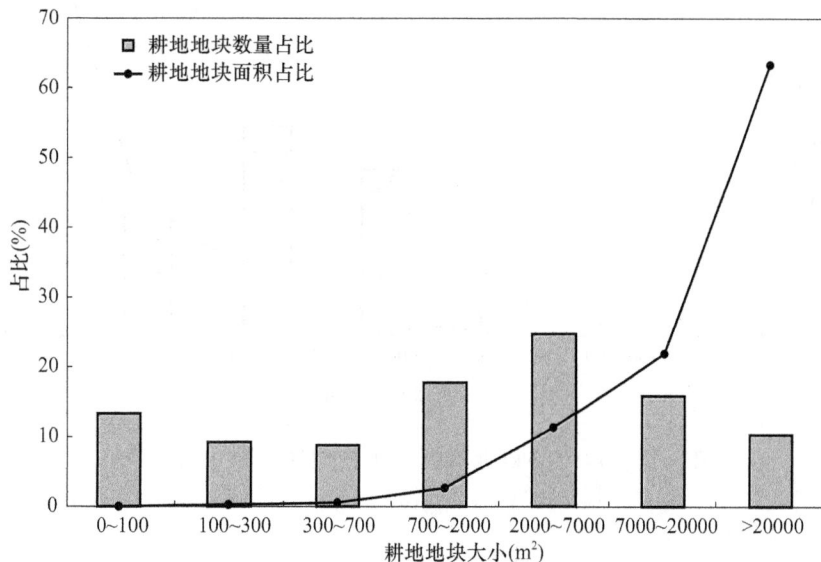

图 7-15　石柱县耕地资源在不同地块大小上的分布

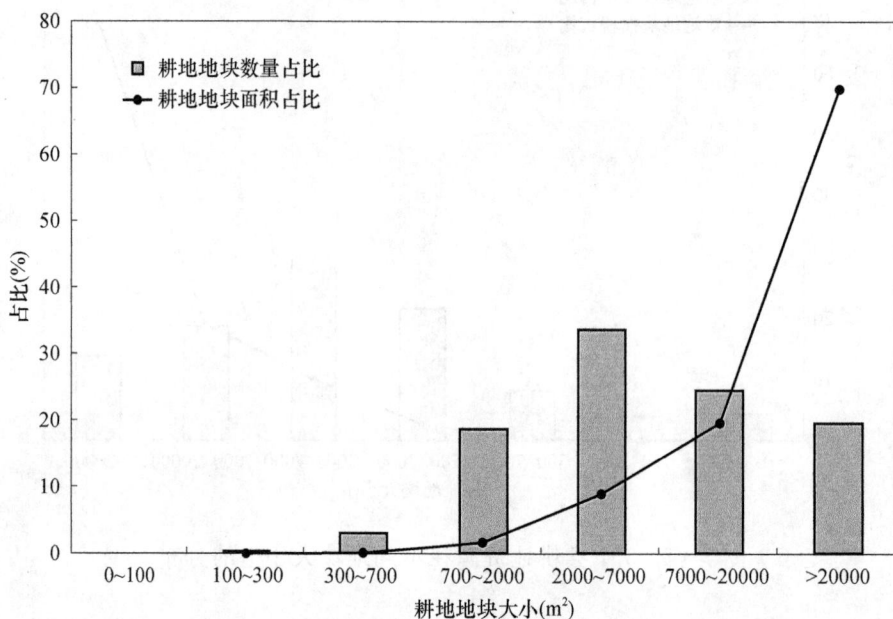

图 7-16　巫山县耕地资源在不同地块大小上的分布

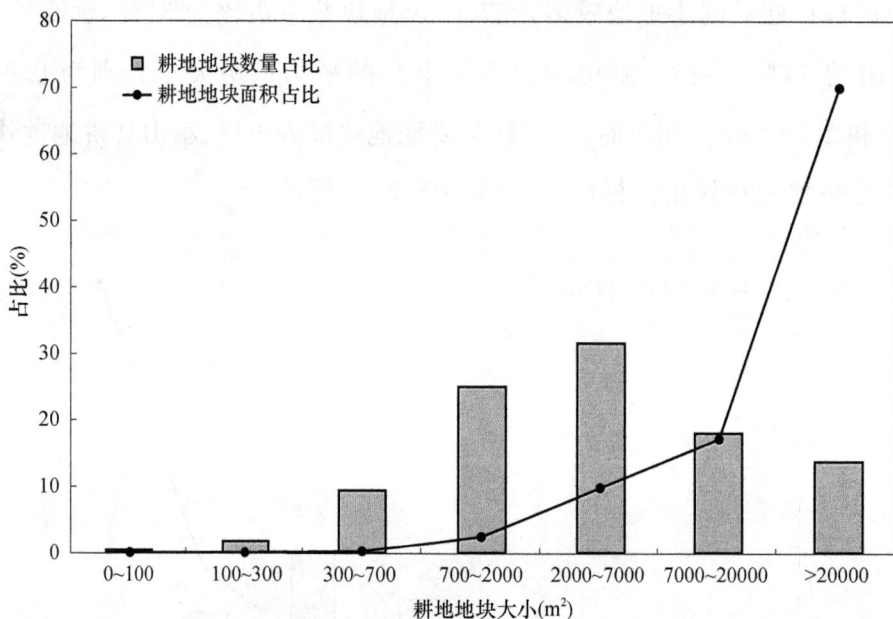

图 7-17　酉阳县耕地资源在不同地块大小上的分布

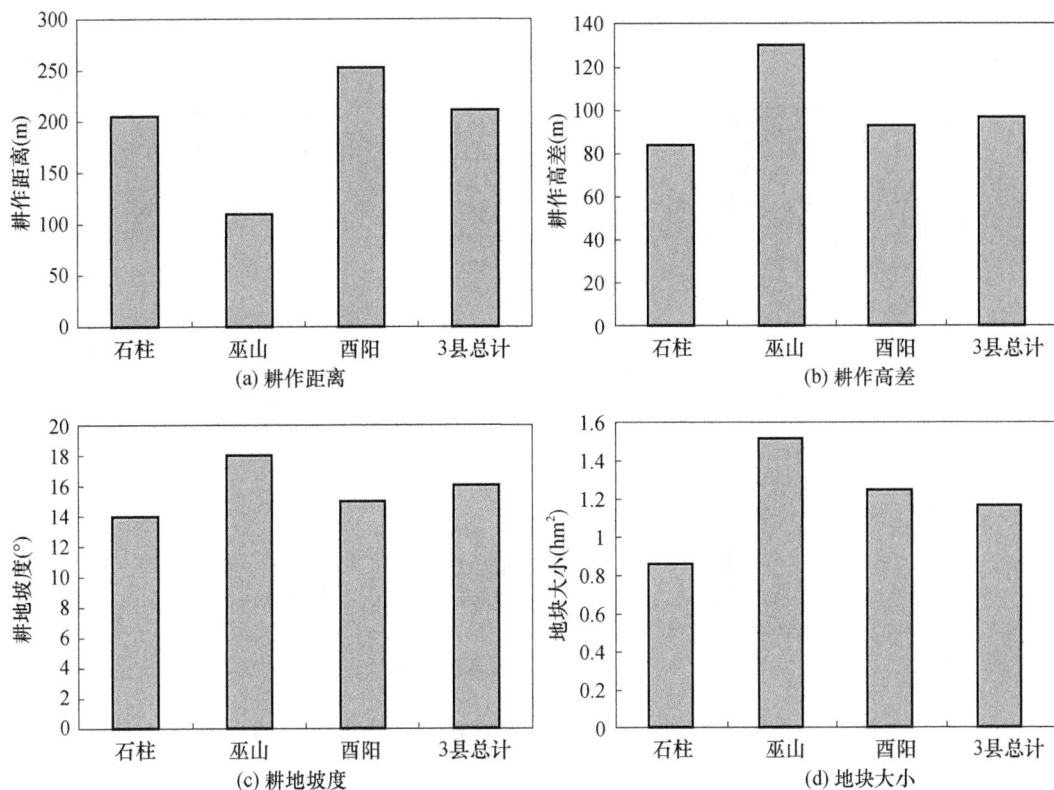

图 7-18　3 个县耕地地块评价指标的平均值

7.3　现有耕地撂荒风险的单项评估结果

对耕作距离进行耕地撂荒风险单项评估,绝大部分耕地都属于低撂荒风险,占比 90％以上,中风险耕地占比不足 10％,高风险耕地占比不足 1％;基于耕作高差的撂荒风险单项评估结果得出,低风险耕地面积占比 50％以上,中风险和高风险耕地占比分别为 16％和 28％;基于耕地坡度的撂荒风险单项评估结果得出,低风险和中风险均为 42％左右,高风险占比 15％;基于地块大小的撂荒风险单项评估结果得出,绝大部分耕地都属于低风险,占比 99.9％以上,而中风险和高风险耕地占比均不足 0.1％(图 7-19～图 7-22)。

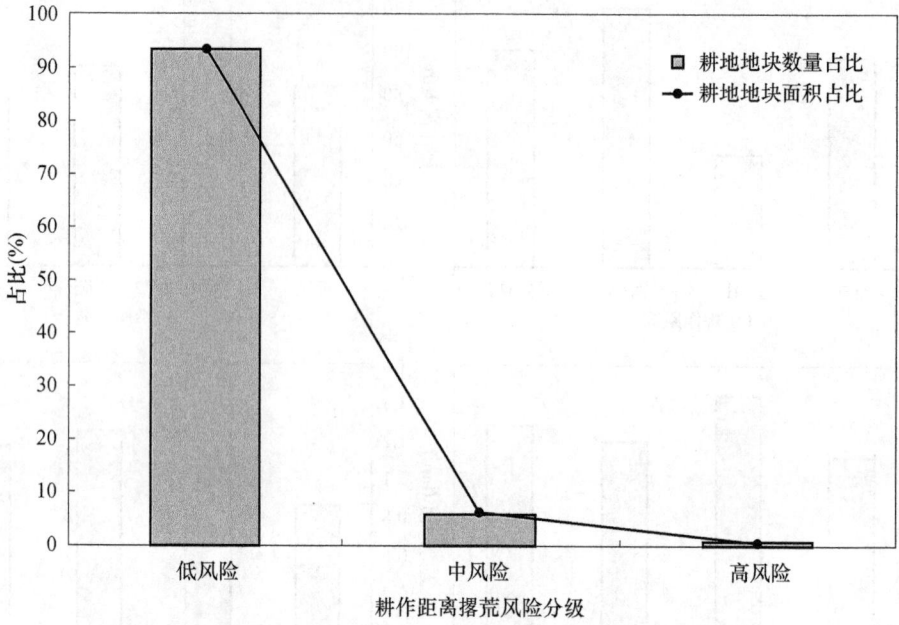

图 7-19　耕地资源在不同耕作距离撂荒风险等级中的分布

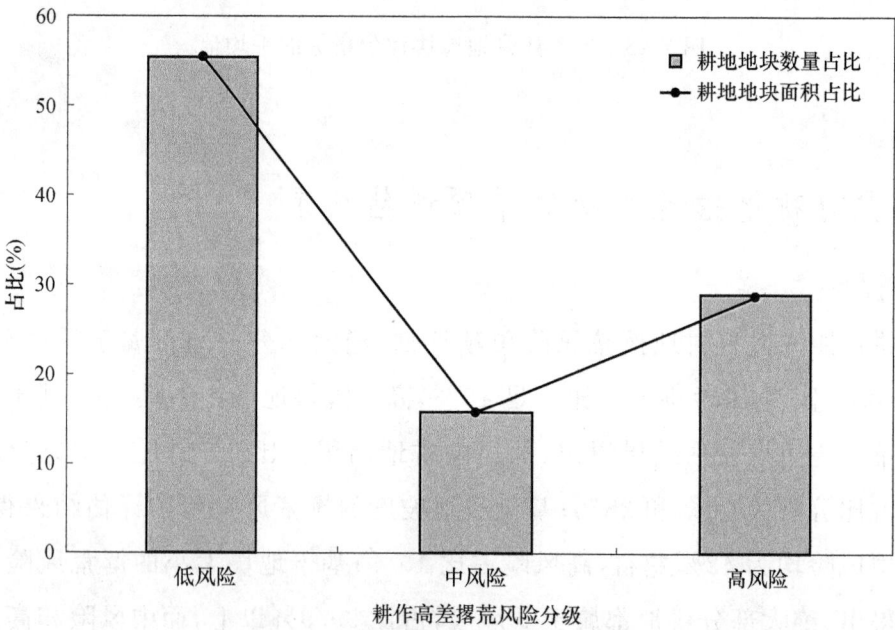

图 7-20　耕地资源在不同耕作高差撂荒风险等级中的分布

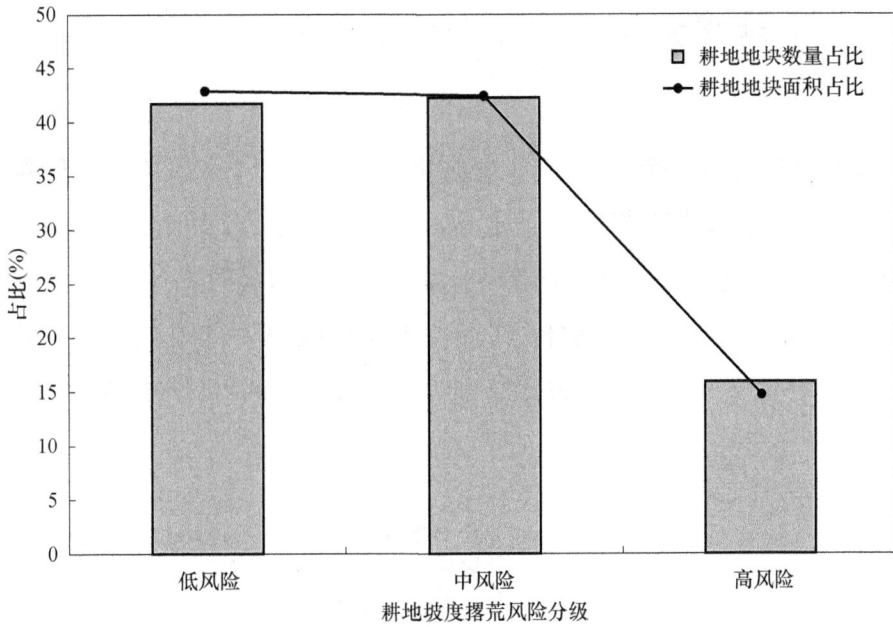

图 7-21　耕地资源在不同耕地坡度撂荒风险等级中的分布

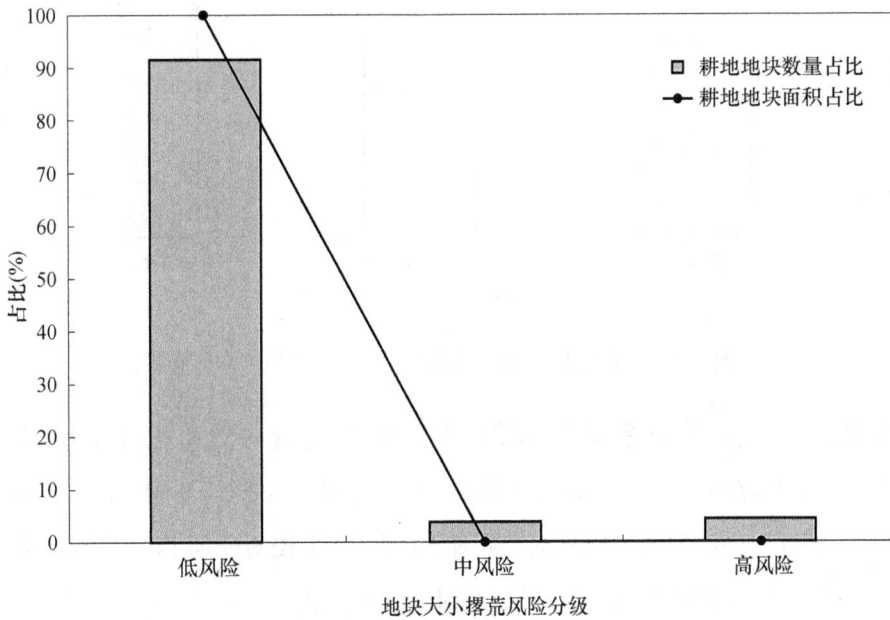

图 7-22　耕地资源在不同地块大小撂荒风险等级中的分布

7.4　现有耕地撂荒风险的综合评估结果

　　石柱、巫山和酉阳 3 个县共有耕地地块 21.71 万个，根据撂荒风险综合评估结果得出，＜1.9 分的低撂荒风险耕地地块为 4.99 万个，占比为 22％；1.9～2.2 分的中撂荒风险耕地地块为 11.07 万个，占比为 51％，超过一半；＞2.2 分的高撂荒风险耕地地块为 5.64 万个，占比 26％。不同风险级别的耕地面积占比和地块数占比较为接近，低、中、高风险占比分别为 25％、52％和 23％（图 7-23）。

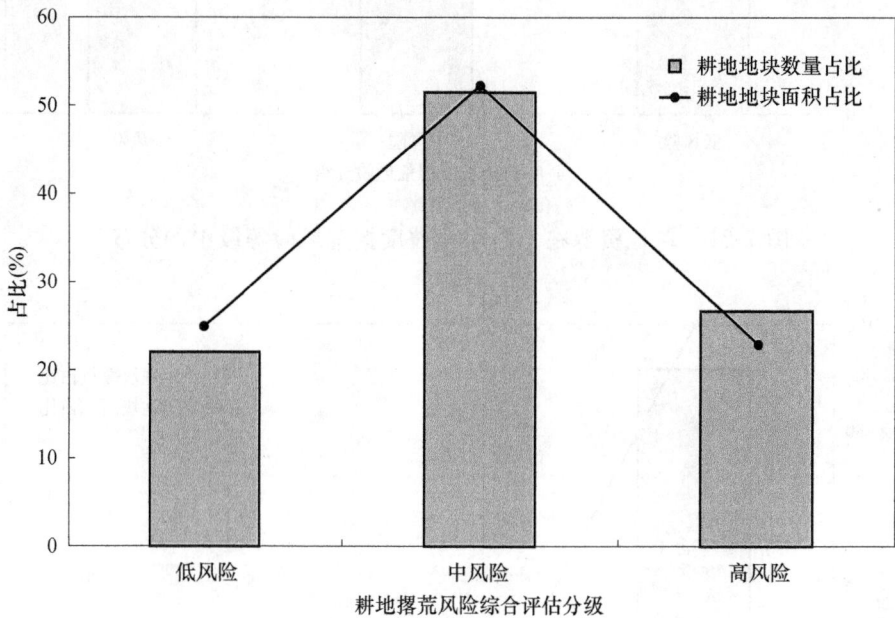

图 7-23　耕地资源在不同撂荒风险等级中的分布

　　分别对比 3 个县不同撂荒风险级别的地块数量占比，发现巫山县的高撂荒风险耕地地块数量占比为 35％，明显多于石柱县的 27％和酉阳县的 23％，主要原因是因为巫山县地形崎岖，耕地质量相对较差，所以高撂荒风险耕地比重高。3 个县不同撂荒风险级别的耕地面积占比与耕地块数占比非常接近，只是石柱县的高风险耕地面积占比（14％）远小于块数占比（27％），说明石柱县与另外两个县相比，高风险耕地相对于低风险耕地地块面积更小（图 7-24、图 7-25）。

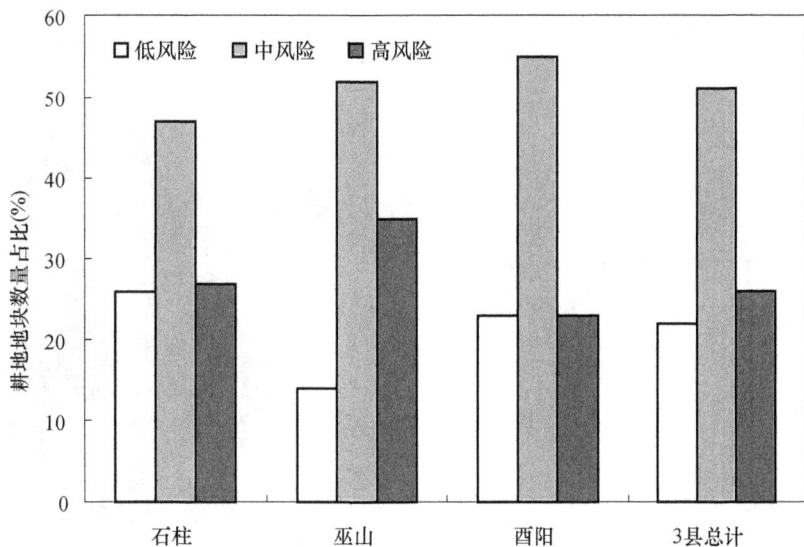

图 7-24　3 个县耕地地块数量在不同撂荒风险等级中的分布

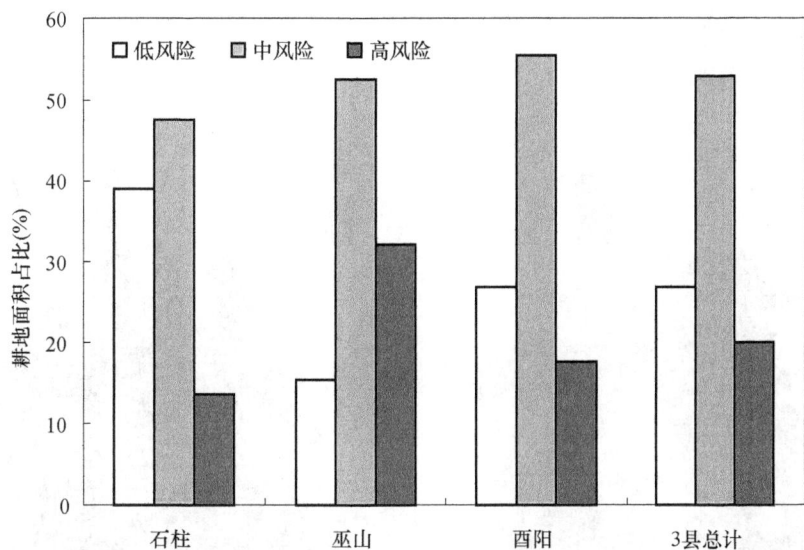

图 7-25　3 个县耕地面积在不同撂荒风险等级中的分布

　　仔细对比 3 个县的高撂荒风险耕地占比分级图与土地海拔高程图和坡度图,发现高撂荒风险耕地占比高的村庄,主要集中分布在土地海拔高而且坡度陡的地区,这些地方土地崎岖不平,耕作不便,更可能发生撂荒(图 7-26、图 7-27、图 7-28,见文后彩插)。

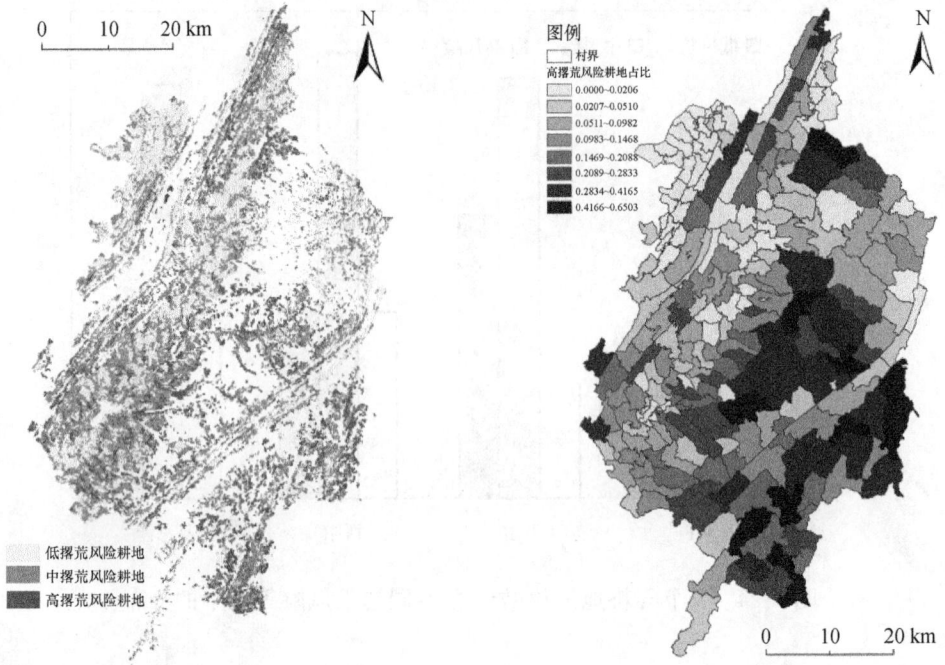

(a) 耕地撂荒风险分级

(b) 高撂荒风险耕地占比分级

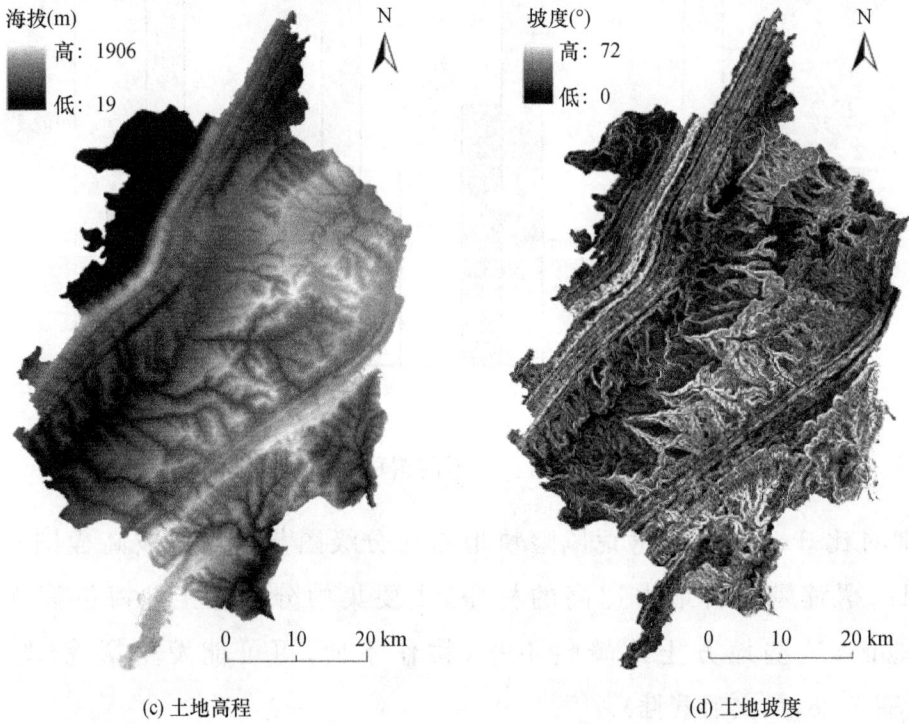

(c) 土地高程

(d) 土地坡度

图 7-26　石柱县耕地撂荒风险与地形对比

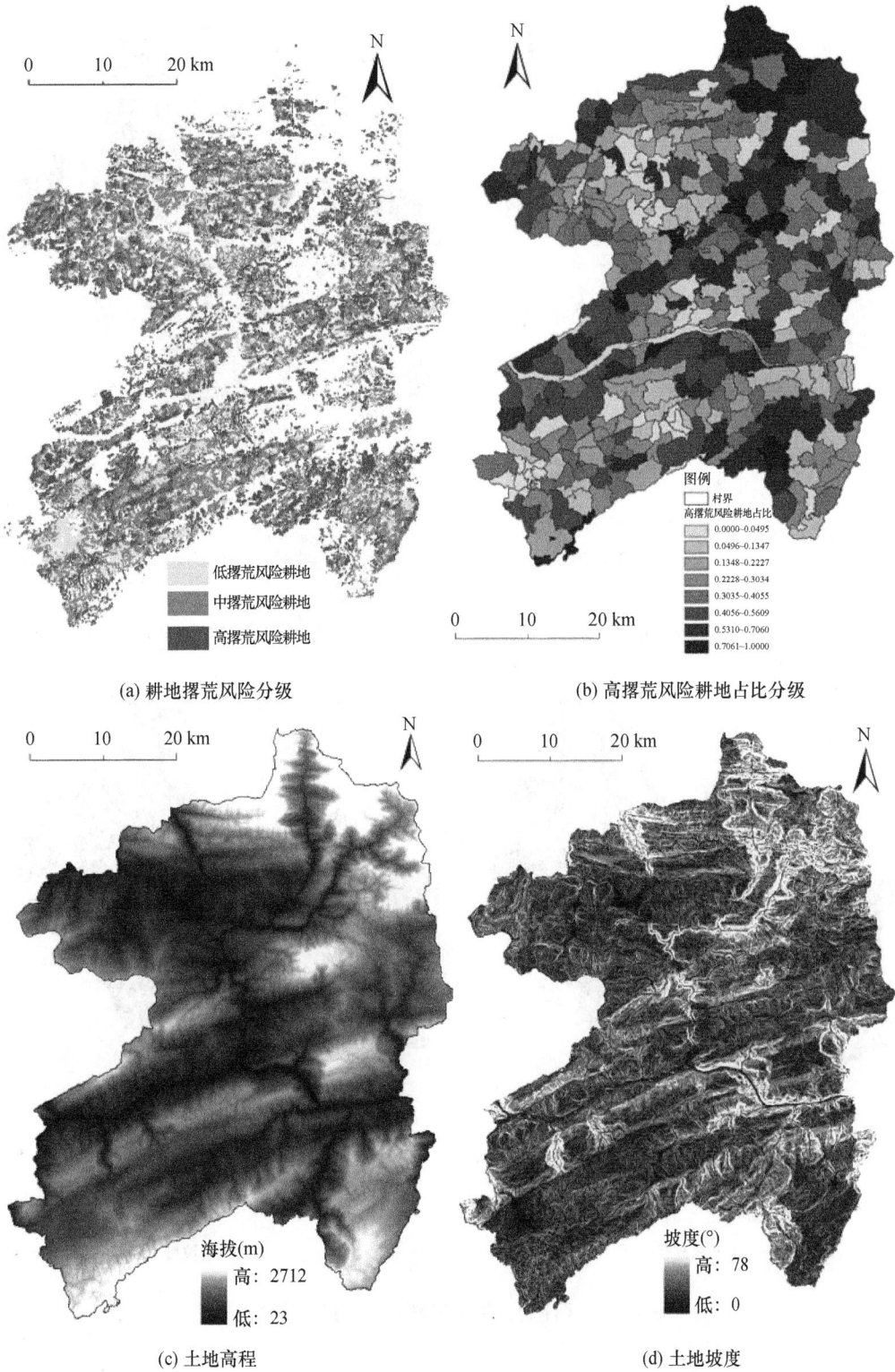

0　　10　　20 km

N

低撂荒风险耕地
中撂荒风险耕地
高撂荒风险耕地

(a) 耕地撂荒风险分级

N

0　　10　　20 km

图例
村界
高撂荒风险耕地占比
　0.0000~0.0495
　0.0496~0.1347
　0.1348~0.2227
　0.2228~0.3034
　0.3035~0.4055
　0.4056~0.5609
　0.5310~0.7060
　0.7061~1.0000

(b) 高撂荒风险耕地占比分级

0　　10　　20 km

N

海拔(m)
高: 2712
低: 23

(c) 土地高程

0　　10　　20 km

N

坡度(°)
高: 78
低: 0

(d) 土地坡度

图 7-27　巫山县耕地撂荒风险与地形对比

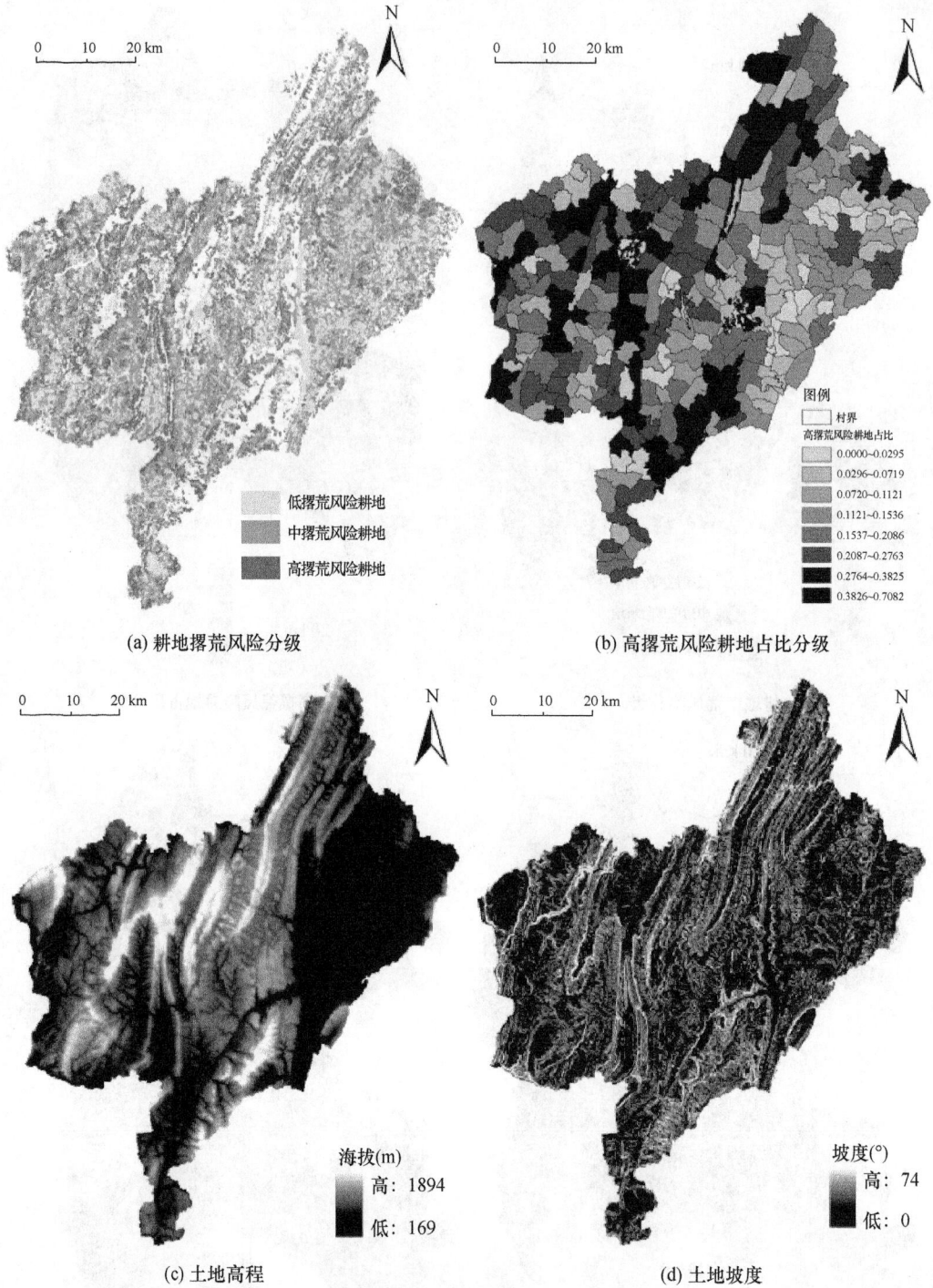

(a) 耕地撂荒风险分级

(b) 高撂荒风险耕地占比分级

图例

村界

高撂荒风险耕地占比
- 0.0000~0.0295
- 0.0296~0.0719
- 0.0720~0.1121
- 0.1121~0.1536
- 0.1537~0.2086
- 0.2087~0.2763
- 0.2764~0.3825
- 0.3826~0.7082

低撂荒风险耕地
中撂荒风险耕地
高撂荒风险耕地

海拔(m)
高: 1894
低: 169

坡度(°)
高: 74
低: 0

(c) 土地高程

(d) 土地坡度

图 7-28　酉阳县耕地撂荒风险与地形对比

7.5　小结

本章以重庆市 3 个县 2011 年 21.71 万个耕地地块为样本,按照地块耕作距离、耕作高差、地块坡度和地块大小 4 个指标,对耕地状况进行分析和耕地撂荒风险评估。主要结论如下。

7.5.1　耕地资源结构状况

(1)耕作距离在 0~200 m、200~400 m、400~600 m 和＞900 m 区间的耕地地块数量占比分别为 60％、28％、9％和 1％。随着耕作距离的增加,耕地地块面积和地块数量的变化趋势都是逐渐减小,耕作距离平均值为 211 m。

(2)随着耕作高差的增加,耕地面积与地块数量的变化趋势都是逐渐减小,耕作高差的平均值为 97 m。

(3)随着耕地坡度的增加,耕地面积与地块数量的变化趋势都是先增加后减少,耕地地块的平均坡度为 16°。

(4)耕地地块大小分布的中值为 2000~7000 m² 区间段,3 个县耕地地块大小平均值为 1.17 hm²。

对比 3 个县的耕地资源状况发现,巫山县内地形落差为 2689 m,远大于石柱县的 1887 m 和酉阳县的 1725 m,相对而言,巫山县的地形更加崎岖,耕地质量较差,所以巫山县的耕作距离相对较小,平均耕作距离仅为 110 m,也远小于石柱县和酉阳县的 205 m 和 253 m;巫山县的耕作高差平均为 130 m,远大于石柱县的 84 m 和酉阳县的 93 m;巫山县的平均耕地坡度为 18°,也大于石柱和酉阳县的 14°和 15°,对比 3 个县耕地在不同坡度上的分布可以看出,＞25°的耕地面积占比情况,巫山县为 16％,远高于石柱的 8％和酉阳的 10％;15°~25°的耕地面积占比情况,巫山县为 38％,也高于石柱的 23％和酉阳的 30％;石柱、巫山和酉阳 3 个县的平均地块大小分别为 0.86 hm²、1.52 hm² 和 1.25 hm²。相对而言,石柱县耕地地块最为破碎,巫山县耕地地块最大。由此可以看出,县级尺度的地形起伏度在一定程度上可以影响耕地的耕作距离、耕作高差、耕地坡度和地块大小,地形起伏度和耕作距离成反比,和后三者成正比。

7.5.2 耕地撂荒风险总体评估结果

(1)重庆市 3 个县耕地高、中、低撂荒风险分别为 5.8 万 hm^2、13.2 万 hm^2 和 6.3 万 hm^2,占比分别为 23%、52% 和 25%。通过对比村级尺度的高撂荒风险耕地分布图、海拔高程图和坡度图发现,高撂荒风险耕地主要集中分布在土地海拔高而且坡度陡的地区,这些地方地形崎岖不平,耕作不便,撂荒风险更高。

(2)分别对比 3 个县不同撂荒风险级别的地块数量占比,发现巫山县的高撂荒风险耕地地块数量占比为 35%,明显多于石柱县的 27% 和酉阳县的 23%,主要原因是因为巫山县地形崎岖,耕地质量相对较差,所以高撂荒风险耕地占比较高。

第 8 章　结论与讨论

　　本书选取重庆市石柱、巫山和酉阳 3 个县作为研究区,通过对 2002 年和 2011 年两期耕地图层的叠加处理提取撂荒耕地,统计了 2002—2011 年间的撂荒耕地规模;在地块和乡镇两个尺度上分析了撂荒耕地的分布规律和主要影响因素,对重庆市山区耕地撂荒情况及撂荒原因进行了深入探讨。本章就研究得出的主要结论,以及研究的创新与不足进行总结,并从减少耕地撂荒的角度提出若干政策建议,对未来的相关研究做了展望。

8.1　研究结论

8.1.1　重庆市土地利用结构现状及变化

　　(1)重庆市土地利用结构。重庆土地类型中以林地和耕地为主,其中林地占土地总面积的 54%,耕地占比为 39%;排在第 3 位的是草地,比例已经很小,约为 3%。重庆市耕地结构以旱地为主,约占 61.5%,水田约为 38.5%。重庆市耕地和水田的空间分布为中部和西部明显多于东部,这主要是由于地形的影响;旱地在各区县的分布较为平均,因为旱地对地势的要求远低于水田。1997—2010 年,重庆市耕地的变化趋势是减少的,减幅为 30%。其中旱地减幅为 33%,水田减幅为 24%。

　　(2)重庆市土地利用结构变化。1997—2010 年期间,耕地转出总面积为 23238 km²,占 1997 年耕地面积的 52%。其中,耕地转出的土地类型中绝大部分为林地,耕地转为林地的面积占耕地总转出面积的 88%,耕地转为园地的面积占比为 1%,耕地转为居民点及工矿用地占比为 2%,耕地转为草地占比为 2%,耕地转为荒地占比仅为 0.01%。1997—2010 年期间,林地面积由 29580 km² 增至 44984 km²,增幅为 52%。林地增长部分绝大多数为耕地转入,耕地转为林地面积占转入林地总面积的 86%。

8.1.2　重庆市典型县撂荒耕地提取

首先提取 2002 年地形图耕地图斑;其次,提取 2011 年现状图耕地图斑;第三,两期耕地图层叠加,获取耕地退出图层;第四,剔除退耕还林图斑、森林工程图斑,获取撂荒耕地图层。将图中提取的撂荒耕地图层与 Google Earth 影像进行叠加,随机抽样对比验证,撂荒耕地图斑提取的精确度达到 85.3%,证明该方法可行。

8.1.3　重庆市典型县耕地撂荒状况

2011 年,石柱、巫山和酉阳 3 个县的耕地撂荒率分别为 14.0%、19.9% 和 19.2%,3 个县整体撂荒率为 18.0%,撂荒耕地面积为 5.63 万 hm²。撂荒耕地以旱地为主,比例为 82.4%,面积为 4.64 万 hm²,旱地撂荒率为 20.4%;撂荒水田 0.99 万 hm²,仅占耕地的 17.6%,水田撂荒率为 11.5%。3 个县中,巫山和酉阳的撂荒率高于石柱县;而 3 个县的水田撂荒率相差较大,巫山和酉阳较高,分别为 17.2% 和 13.9%,石柱较低,为 6.3%。

8.1.4　地块尺度耕地撂荒影响因素

地块尺度耕地撂荒的主要影响因素包括:耕作距离,即耕地地块距最近居民点的距离;耕作高差,即耕地地块相对于村庄居民点平均海拔高程的高差;耕地地块坡度、耕地地块大小。

(1)耕作距离越远则撂荒率越高。当耕地地块距居民点距离在 400 m 范围以内时,撂荒率不足 20%;当距离超过 900 m 时,40% 以上的耕地发生撂荒。

(2)耕作高差越大则撂荒率越高。当耕作高差在 80 m 范围以内时,撂荒率不足 16%;当耕作高差超过 160 m 时,19% 以上的耕地发生撂荒。

(3)耕地地块坡度越大则撂荒率越高。当耕地地块坡度小于 12° 时,撂荒率大约为 16%;当耕地地块坡度超过 27°时,22% 以上的耕地发生撂荒。

(4)随着耕地地块面积的不断增加,撂荒率逐渐降低,撂荒耕地的数量和面积也逐渐减小。这表明,耕地地块面积越大,发生撂荒的概率越低,耕地越不容易发生撂荒。

(5)耕地地块距道路距离与撂荒率之间,没有呈现出显著的相关关系。

8.1.5　乡镇尺度耕地撂荒影响因素

重庆市石柱、巫山和酉阳 3 个县共有乡镇 95 个。以这 95 个乡镇为样本,选取乡镇劳均耕地、农民人均纯收入、乡镇海拔高程、地形坡度、林地占比、乡镇距县城距离和乡镇距重庆主城区距离共 7 个变量,基于乡镇尺度,通过各指标与撂荒率散点图、各变量与撂荒率的简单相关分析和多元线性回归分析,研究了撂荒耕地分布规律和耕地撂荒的主要影响因素。

(1)将撂荒率与乡镇劳均耕地、农民人均纯收入、乡镇海拔高程、地形坡度、林地占比、乡镇距县城距离、乡镇距重庆主城区距离 7 个变量分别进行相关分析,撂荒率与 7 个指标的 Pearson 相关系数分别为 0.122、0.194、0.381、0.315、0.573、0.112 和 0.321。撂荒率与 7 个指标全部为正相关,即劳均耕地越大、农民人均纯收入越高、乡镇海拔高程越高、地形坡度越大、林地占比越高、乡镇距县城和重庆主城区距离越远,则乡镇撂荒率越高。

(2)从各指标与撂荒率的简单相关分析中发现,对耕地撂荒率影响最为显著的因素是乡镇林地占比,其次是乡镇海拔高程和地形坡度,劳均耕地、乡镇距县城距离的相关性不显著。从各指标与撂荒率多元线性回归分析中发现,林地占比对耕地撂荒影响最大,其次是乡镇距重庆主城区距离、农民人均纯收入、劳均耕地、乡镇距县城距离,而乡镇海拔高程、地形坡度对耕地撂荒影响较小。

8.1.6　现有耕地的结构及未来撂荒的风险

2011 年重庆市 3 个县共有 21.71 万个耕地地块,耕地面积 25.38 万 hm²。按照耕地地块的耕作距离、耕作高差、地块坡度、地块大小,对耕地结构进行分析得出主要结论如下。

（1）耕作距离在 0～200 m、200～400 m 、400～600 m 和＞900 m 区间的耕地地块数量占比分别为 60％、28％、9％ 和 1％。随着耕作距离的增加,耕地地块面积和地块数量的变化趋势都是逐渐减小,耕作距离平均值为 211 m。

（2）随着耕作高差的增加,耕地面积与地块数量的变化趋势都是逐渐减小,耕作高差的平均值为 97 m。

（3）随着耕地坡度的增加,耕地面积与地块数量的变化趋势都是先增加后减少,耕地地块的平均坡度为 16°。

（4）耕地地块大小分布的中值为 2000～7000 m² 区间,3 个县耕地地块大小平均值为 1.17 hm²。

重庆市 3 个县耕地高、中、低撂荒风险分别为 5.8 万 hm²、13.2 万 hm² 和 6.3 万 hm²,占比分别为 23％、52％和 25％。通过对比村级尺度的高撂荒风险耕地分布图、海拔高程图和坡度图发现,高撂荒风险耕地主要集中分布在土地海拔高而且坡度陡的地区,这些地区地形崎岖不平,耕作不便,撂荒风险相对更高。分别对比 3 个县不同撂荒风险级别的地块数量占比,发现巫山县的高撂荒风险耕地地块数量占比为 35％,明显多于石柱县的 27％和酉阳县的 23％,主要原因是因为巫山县地形崎岖,耕地质量相对较差,所以高撂荒风险耕地比重较高。

8.2 政策建议

随着我国城乡劳动力的转移和农民外出务工工资的提高,耕地撂荒现象逐渐增多,且愈演愈烈,长此以往,必将影响我国的粮食安全。为了减少耕地撂荒现象的发生,应从根本上提高农户粮食生产收入。基于本研究得出的耕地撂荒影响因素的结论,下面简单提出相应的政策建议。

（1）加大耕地流转率,提高耕地使用效率

根据地块尺度研究得出的结论看,耕作距离、耕作高差、地块坡度和地块大小都会影响耕地撂荒。从对重庆农户的实际调查来看,很多地块距离自家较远,耕作距离长,耕作通勤花费的时间就长,农民耕作成本高;然而有些地块距离其他农户的距离却较近。这主要是在落实土地承包责任制时,为了公平分配各种质量的土地而造成的。政府应该鼓励农户之间的耕地租赁,提高耕地流转率,使农民能够主要耕种自家周围的耕地,且集中连片,降低耕作成本。鼓励耕地规模化、机械化经营,提高耕地使用效率,这样能够减少耕地撂荒的发生。

(2)继续稳定和完善种粮补贴,提高农户粮食生产的积极性

农民做出耕地撂荒的决策和种粮收入低也有很大关系。随着农民外出务工收入的提高,青壮年农民大多选择进城务工,从事非农工作。和外出打工相比,农民经营耕地不仅劳动强度大,而且收益低。对此,国家应该继续稳定和完善粮食直补、最低收购价格和农机补贴等政策,提高种粮农民抵御市场风险的能力与种粮收益,逐步减少劳动力从事粮食生产与非农产业之间的收入差距,从经济驱动方面提高农户种植粮食的积极性,从而加大在粮食生产中劳动和资本的投入,减少耕地撂荒。

(3)加大农村农田水利基础设施的资金投入,增强防洪抗旱能力

农村基础设施尤其是农田水利等基础设施薄弱,是农业生产的主要限制因素。不仅会导致耕地撂荒,还会影响农业综合生产能力的提高与农业可持续发展。从本研究的调查发现,旱地的撂荒率远远大于水田,这与旱地的水利设施差有一定的关系。因此,政府必须加大对南方贫困地区的转移支付力度,增加农田水利等农业基础设施的资金投入数量,提高农业生产基础设施水平,为农民从事农业生产提供便利。

(4)因地制宜,合理利用土地,进行科学的生态规划

丘陵山区耕地撂荒是作为微观经济主体的农民对外部环境变化做出的决策。研究区地形普遍复杂,生态环境脆弱,历史上大规模的陡坡开荒进一步加剧了山区的生态脆弱性。因此,部分质量较差的坡耕地撂荒现象对于改善生态环境有着非常积极的意义。事实证明,研究区许多耕地因为不适宜耕种而被撂荒,因此,必须从保护生态环境的角度合理利用土地,进行科学、合理的生态规划。将退耕还林区和大片不适宜耕种而撂荒的地区划定为生态功能恢复区,禁止人类活动再次对其干扰,确保区域内自然植被的自然恢复。

重庆地域辽阔,山区面积占比较大,不同区县的自然和社会状况差别明显,区域发展的政策要区别对待。对于耕地坡度大于25°的地区,可延长国家退耕还林政策,或者允许农民自愿的耕地撂荒行为。对于海拔较高、人多地少的地区,可引导农民进行高山移民,迁移至海拔较低、地势平坦、水土条件较好的区域。对于耕地坡度相对较缓的地区,可适当进行坡改梯工程,但要注意提高坡地改良之后的

利用率。对于一些水土、气候和交通等条件适宜的地区，为提高农民收入，可鼓励发展适合当地的特色产业，如水果、蔬菜、花卉、烤烟、药材等大规模种植，引入资本，发展"企业＋农户"等经营方式，通过提高农民收入的方式减少耕地撂荒的发生。为了能够减缓耕地撂荒，可出台边际地区的农业补贴或者扶持政策（李升发等，2016），提高农村的土地租赁市场化程度，提高耕地资源配置效率，减少优质耕地的撂荒（邵景安等，2015）；开展土地的整理、道路与农田的基础设施建设，逐步来完善农业生产的条件（邵景安等，2014）。

8.3　创新和展望

8.3.1　创新之处

本书用遥感方法调查山区耕地的撂荒情况，获取了重庆市石柱、巫山、酉阳3个县撂荒耕地分布图，基于地块尺度和乡镇尺度分析了耕地撂荒的影响因素。研究结论解释了社会所关注的学术问题，并在以下方面有所创新。

（1）之前关于耕地撂荒研究的文献资料很多，但以抽样调查为主，涉及行政区范围内具体撂荒规模，特别是撂荒耕地空间分布大比例尺调查的研究却很少，很难找到行政区具体的撂荒面积数字。本书通过大比例尺制图的方法摸清了重庆典型区县撂荒耕地面积和分布，并给出了撂荒耕地分布图。

（2）从地块尺度和乡镇尺度即微观视角和宏观视角研究了撂荒耕地的分布规律及影响因素。发现地块尺度上的主要影响因素为耕作距离、耕作高差、地块坡度和地块大小。而乡镇尺度上的主要影响因素为林地占比、乡镇距重庆主城区距离、农民人均纯收入、劳均耕地、乡镇距县城距离。

（3）对于现有耕地，从地块尺度的影响因素出发，分析了其未来撂荒的风险高低。

8.3.2　存在的问题

（1）本书研究范围是重庆市的3个县，所以结论主要适用于山区耕地。而对于我国其他区域和省份的耕地撂荒情况还缺乏了解,是否适用于本书研究结论还属未知。

(2)由于受数据的限制,地块尺度和乡镇尺度的研究分别只选取了 4 个和 7 个变量,而导致耕地撂荒的原因纷繁复杂。同时由于受能够获取的数据所限,就有可能忽略其他一些影响因素,从而对分析结论会有影响。

(3)提取撂荒耕地的过程工作量巨大,地块数量众多,在数据提取和处理过程中可能会有一些误差,对结果可能会稍有影响。

8.3.3　研究展望

针对本研究存在的问题,重庆市耕地撂荒规模和影响因素研究等相关课题可以从以下几方面进行深入研究。

(1)增加变量,全面分析耕地撂荒的影响因素。

(2)加入村级尺度的研究,并与乡镇尺度的研究结论进行对比。

(3)选择其他省份的研究区,研究其耕地撂荒的规模、分布规律和影响因素,并与重庆进行对比。

参考文献

毕玉娟,2009. 坡耕地水土流失综合治理[EB/OL]. http://www.mwr.gov.cn/slzx/sjzsd-wdt/2009.

常振亮,陈军林,1995. 对农村土地撂荒问题的调查[J]. 农村牧区机械化,(2):43-44.

程维芳,2011. 南方撂荒地遥感调查方法研究[D]. 北京:中国科学院大学.

冯志军,2011. 中国加快坡耕地改造欲 5 年建 4 千万亩高标准梯田[EB/OL], http://www.chinanews.com/estate/2011/08-02/3228407.shtml. 2011-08-02.

洪晓静,刘益民,2003. 黑土的召唤[J]. 调研世界,(4):41-42.

黄利民,张安录,刘成武,2008. 耕地撂荒及其定量分析[J]. 咸宁学院学报,28(3):113-117.

孔忠东,2009. 退耕还林工程效益与质量评价研究[D]. 北京:北京林业大学.

李孔俊,2002. 土地抛荒的经济学视角[J]. 广西教育学院学报,(5):82-84.

李升发,李秀彬,2016. 耕地撂荒研究进展与展望[J]. 地理学报,71(3):370-389.

李秀彬,2002. 土地利用变化的解释[J]. 地理科学进展,21(3):195-203.

李秀彬,赵宇鸾,2011. 森林转型、农地边际化与生态恢复[J]. 中国人口·资源与环境,21(10):92-95.

林昌虎,解德蕴,涂成龙,等,2004. 贵州山区坡耕地综合利用与整治[J]. 水土保持研究,(3):211-213.

刘成武,2006. 中国农地边际化问题及其驱动因素分析[D]. 北京:中国科学院地理科学与资源研究所.

刘成武,李秀彬,2005. 农地边际化的表现特征及其诊断标准[J]. 地理科学进展,(2):106-113.

刘成武,李秀彬,2006. 对中国农地边际化现象的诊断——以三大粮食作物生产的平均状况为例[J]. 地理研究,(5):895-904.

刘纪远,匡文慧,张增祥,等,2014. 20 世纪 80 年代末以来中国土地利用变化的基本特征与空间格局[J]. 地理学报,69(1):3-14.

马克伟,向洪宜,王世元,等,2000. 我国西部地区土地资源利用状况分析[J]. 中国土地科学,(2):1-3.

马玲玲,2010. 半干旱地区基于遥感与农户调查的耕地撂荒原因探究——以内蒙古和林格尔县为例[D]. 呼和浩特:内蒙古师范大学.

邵景安,张仕超,李秀彬,2014. 山区耕地边际化特征及其动因与政策含义[J]. 地理学报,69(2):227-242.

邵景安,张仕超,李秀彬,2015. 山区土地流转对缓解耕地撂荒的作用[J]. 地理学报,70(4):636-649.

史铁丑,李秀彬,2013. 欧洲耕地撂荒研究及对我国的启示[J]. 地理与地理信息科学,29(3):101-103.

史铁丑,徐晓红,2016. 重庆市典型县撂荒耕地图斑的提取与验证[J]. 农业工程学报,32(24):261-267.

谭术魁,2003. 耕地撂荒程度描述、可持续性评判指标体系及其模式[J]. 中国土地科学,17(6):3-8.

文华成,2003. 四川丘区农村耕地撂荒问题研究[J]. 农村经济,(10):18-20.

谢俊奇,2005. 中国坡耕地[M]. 北京:中国大地出版社.

杨子生,1999. 滇东北山区坡耕地分类及基本特征[J]. 山地学报,(2):36-40.

于晓光,2003. 辽宁省坡耕地资源普查及成果分析[J]. 水利水电技术,(4):61-62.

张柏齐,1994. 弃耕抛荒的现状与对策[J]. 古今农业,(4):77-78.

张斌,徐邓耀,翟有龙,等,2003. 耕地抛荒的定量化评价方法[J]. 贵州农业科学,31(5):43-44.

张红宇,2001. 中国农村土地制度变迁的政治经济学分析[D]. 重庆:西南农业大学.

张丽萍,朱钟麟,邓良基,2004. 四川省坡耕地资源及其治理对策[J]. 水土保持通报,(3):47-49.

张林秀,1996. 农户经济学基本理论概述[J]. 农业技术经济,(3):24-30.

张蓬涛,2002. 中国西部地区退耕及其对粮食生产的影响[D]. 北京:中国科学院地理科学与资源研究所.

张英,李秀彬,宋伟,等,2014. 重庆市武隆县农地流转下农业劳动力对耕地撂荒的不同尺度影响[J]. 地理科学进展,33(4):552-560.

张志东,2004. 基于地理信息系统下的退耕还林工程空间决策方法研究[D]. 保定:河北农业大学.

邾鼎玖,许大文,2001. 多措并举,根治土地抛荒[J]. 农村合作经济经营管理,(7):25-27.

庄伟民,1997. 珍惜耕地资源,抑制抛荒现象[J]. 理论学习月刊,(10):59-60.

Acs S,Hanley N,Dallimer M,et al,2010. The effect of decoupling on marginal agricultural systems:Implications for farm incomes,land use and upland ecology[J]. Land Use Policy,27(2):550-563.

Baumann M, Kuemmerle T, Elbakidze M, et al, 2011. Patterns and drivers of post-socialist farmland abandonment in Western Ukraine[J]. Land Use Policy, (28):552-562.

Barbier E B, 2010. The forest transition: Toward a more comprehensive theoretical framework[J]. Land Use Policy, (27):98-107.

Benayas J, Martins A, Nicolau J, et al, 2007. Abandonment of agricultural land: An overview of drivers and consequences[J]. Perspectives in Agriculture, Veterinary Science, Nutrition and Natural Resources, 57(2):1-14.

Bethe F, Bolsius E C A, 1995. Marginalisation of agricultural land in the Netherlands, Denmark and Germany[R]. National Spatial Planning Agency, The Hague.

Brouwer F, Baldock D, Godeschalk F, et al, 1999. Marginalisation of agricultural land in Europe[C]. Lisird Naplio Conference Papers:1-13.

Brouwer F, Van R T, Dhillion S S, et al, 2008. Sustainable Land Management: Strategies to Cope with the Marginalisation of Agriculture[M]. Cheltenham: Edward Elgar.

Caraveli H, 2000. A comparative analysis on intensification and extensification in mediterranean agriculture: Dilemmas for LFAs policy[J]. Journal of Rural Studies, 16(2): 231-242.

Commission of the European Communities (CEC), 1980. Effects on the environment of the abandonment of agricultural land[R]. Commission of the European Communities.

Denevan W M, 1986. The Cultural Ecology, Archaeology and History of Terracing and Terrace Abandonment in the Colca Valley of Southern Peru[R]. Vol. 1, Technical Report to the National Science Foundation, Department of Geography, University of Wisconsin, Madison.

FAO, 2006. An evaluation of the less favored area measure in the 25 member states of the European Union[R]. Institute for European Environmental Policy.

Flores L A, Martinez L I, Ferrer C M, et al, 2008. A spatial high-resolution model of the dynamics of agricultural land use[J]. Agricultural Economics, 38(2): 233-245.

Foster A D, Rosenzweig M R, 2003. Economic growth and the rise of forests [J]. The Quarterly Journal of Economics, 18(2):601-637.

Gellrich M, 2007. Agricultural land abandonment and natural forest re-growth in the Swiss mountains: A spatially explicit economic analysis[J]. Agriculture Ecosystems & Environment, 118(1-4): 93-108.

Gellrich M, Zimmermann N, 2007. Investigating the regional-scale pattern of agricultural land abandonment in the Swiss mountains: A spatial statistical modelling approach[J]. Landscape and Urban Planning, 79: 65-76.

Grainger A, 1995. National land use morphology: Patterns and possibilities[J]. Geography, (20): 235-245.

Grinfelde I, Mathijs E, 2007. Centre for Agricultural and Environmental Economics[R]. Catholic University of Leuven.

Keenleyside C, 2004. Land abandonment in the New Member States and candidate countries end the EU Common Agricultural policy[R].

Laurent C, 1992. L' agriculture et son territoire dans la crise, analyse et démenti des prévisions sur la déprise des terres agricoles à partir d'observations réalisées dans le pays d'Auge. Thèse pour le doctorat de Sciences Economiques[R]. Paris Ⅶ, 36-61.

Long H L, 2014. Land consolidation: An indispensable way of spatial restructuring in rural China[J]. J. Geogr. Sci., 24: 211-225.

Long H L, Liu Y S, 2016. Rural restructuring in China[J]. J. Rural Stud., 47: 387-391.

Long H L, Tu S S, Ge D Z, et al, 2016. The allocation and management of critical resources in rural China under restructuring: Problems and prospects[J]. J. Rural Study., 47: 392-412.

Mather A S, Fairbairn J, Needle C L, 1999. The course and drivers of the forest transition: The case of France [J]. Journal of Rural Studies, 15(1): 65-90.

Mather A S, Needle C L, 1998. The forest transition: A theoretical basis[J]. Area, 30(2): 117-124.

Moravec J, Zemeckis R, 2007. Cross Compliance and Land Abandonment[R]. Institute of European Environmental Policy.

Morera M C, Gladwin C H, 2006. Does off-farm work discourage soil conservation? Incentives and disincentives throughout two honduran hillside communities[J]. Human Ecology, 34(3): 355-378.

Moshi Inbar, Carlos A Lierena, 2000. Erosion processes in high mountain agricultural terraces in Peru[J]. Mountain Research and Development, (1): 72-79.

Pointereau P, Coulon F, Girard P, et al, 2008. Analysis of farmland abandonment and the extent and location of agricultural areas that are actually abandoned or are in risk to be abandoned[R]. European Commission Joint Research Centre.

Prishchepov A, Radeloff V, Müller D, et al, 2011. Determinants of agricultural land abandonment in post-Soviet European Russia[R]. Leibniz Institute for Agricultural Development in Central and Eastern Europe.

Rudel T K, 1998. Is there a forest transition? deforestation, reforestation and development [J]. Rural Sociology, (63): 533-552.

Rudel T K, 2005. Forest transitions: Towards a global understanding of land use change[J]. Global Environmental Change-Human and Policy Dimensions, 15(1): 23-31.

Shi T C, Li X B, Xin L J, et al, 2016. Analysis of farmland abandonment at parcel level: A case study in the mountainous area of China[J]. Sustainability, 8(10): 988-1006.

Shi T C, Li X B, Xin L J, et al, 2018. The spatial distribution of farmland abandonment and its influence factors at the township level: A case study in the mountainous area of China[J]. Land Use Policy, 70(1): 510-520.

Sikor T, Muller D, Stahl J, 2009. Land fragmentation and cropland abandonment in Albania: Implications for the roles of state and community in post-socialist land consolidation[J]. World Development, 37(8): 1411-1423.

Silber R, Wytrzens H K, 2006. Modelling the probability of land abandonment at parcel level [J]. Jahrbuch derösterreichischen Gesellschaft für Agrarökonomie, 15: 55-63.

Sluiter R, de Jong S M, 2007. Spatial patterns of Mediterranean land abandonment and related land cover transitions[J]. Landscape Ecology, 22(4): 559-576.

Stokstad G, 2010. Exit from farming and land abandonment in Northern Norway[R]. Norwegian Forest and Landscape Institute.

Szabó G, Fehér A, 2004. Marginalisation and multifunctional land use in Hungary[J]. Journal of Agricultural Sciences, 15: 50-61.

Tan S H, Heerink N, Qu F T, 2006. Land fragmentation and its driving forces in China[J]. Land Use Policy, 23(3): 272-285.

Van Doorn A M, Bakker M M, 2007. The destination of arable land in a marginal agricultural landscape in South Portugal: An exploration of land use change determinants[J]. Landscape Ecology, 22(7): 1073-1087.

Xie H L, Wang P, Yao G R, 2014. Exploring the dynamic mechanisms of farmland abandonment based on a spatially explicit economic model for environmental sustainability: A case study in Jiangxi Province,China[J]. Sustainability,6(3): 1260-1282.

Yan J Z,Yang Z Y,Li Z H,et al,2016. Drivers of cropland abandonment in mountainous areas: A household decision model on farming scale in Southwest China[J]. Land Use Policy,57(57): 459-469.

Zhang Y L,Li X B,Song W,2014. Determinants of cropland abandonment at the parcel, household and village levels in mountain areas of China: A multi-level analysis[J]. Land Use Policy,41(4): 186-192.

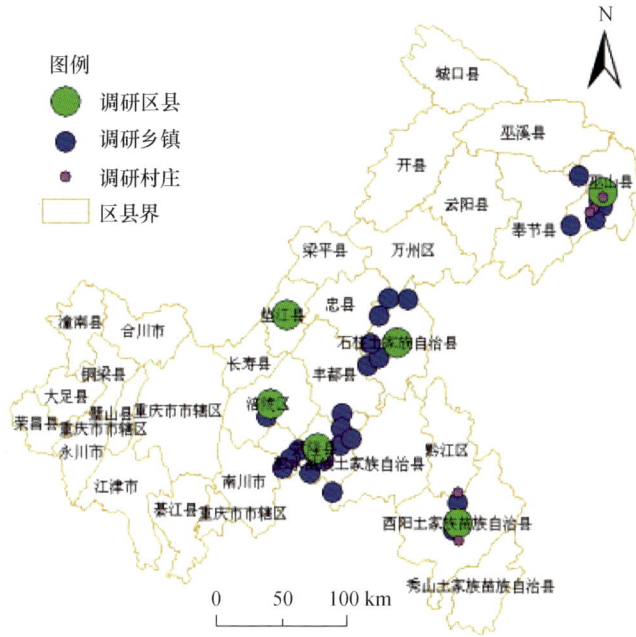

图 2-2　实地调研的主要区县、乡镇、村庄

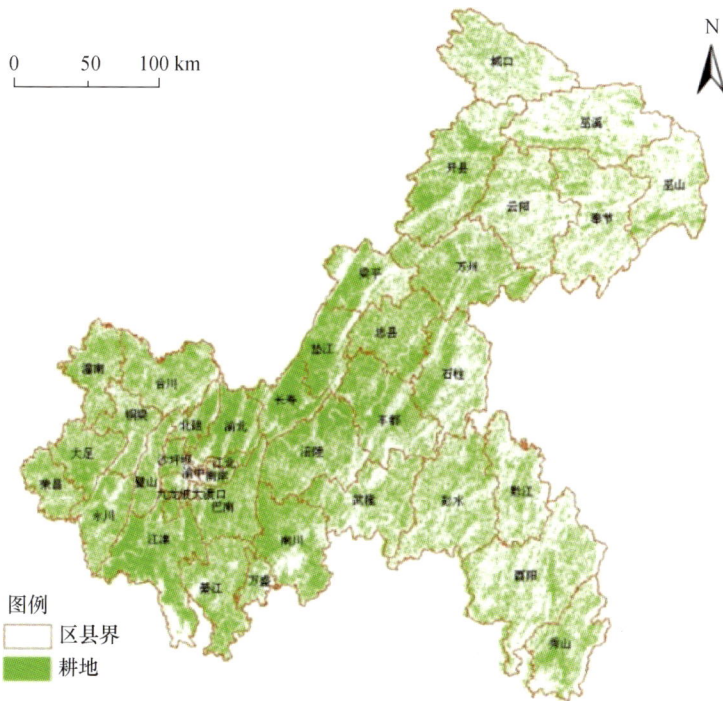

图 3-3　2010 年重庆市耕地分布

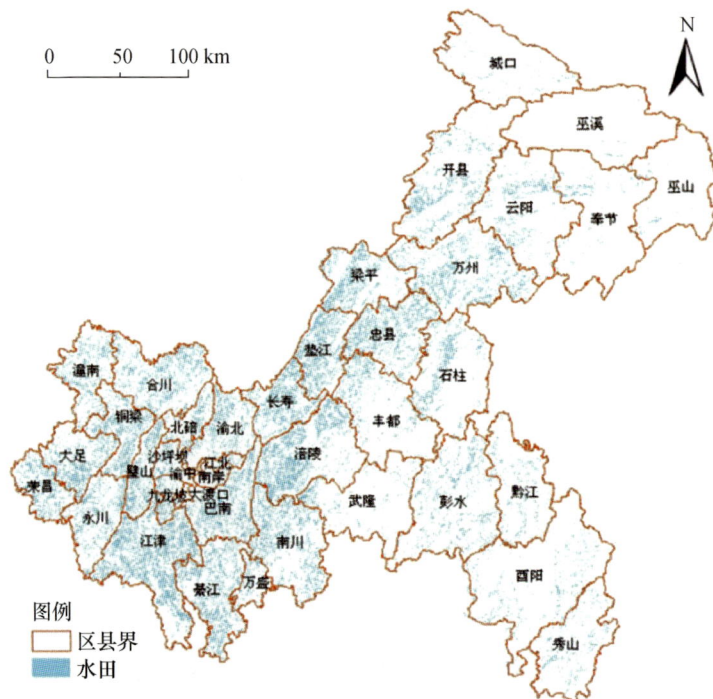

图 3-4　2010 年重庆市水田分布

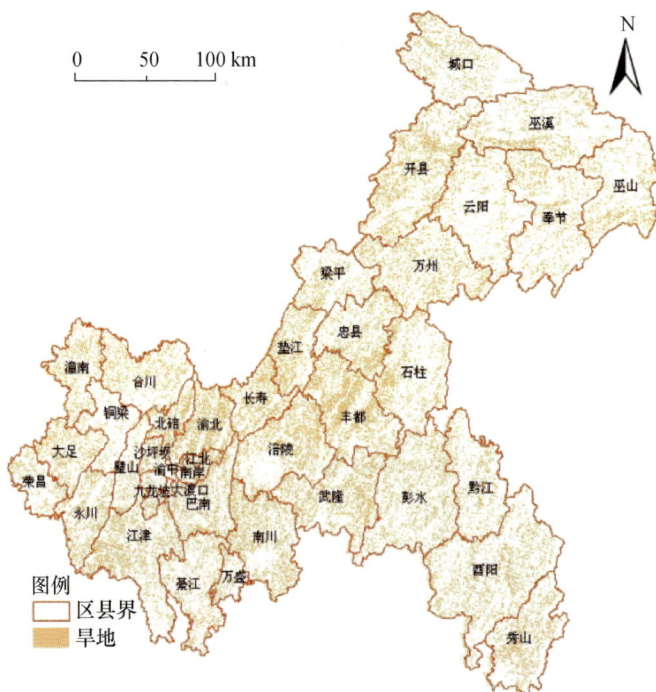

图 3-5　2010 年重庆市旱地分布

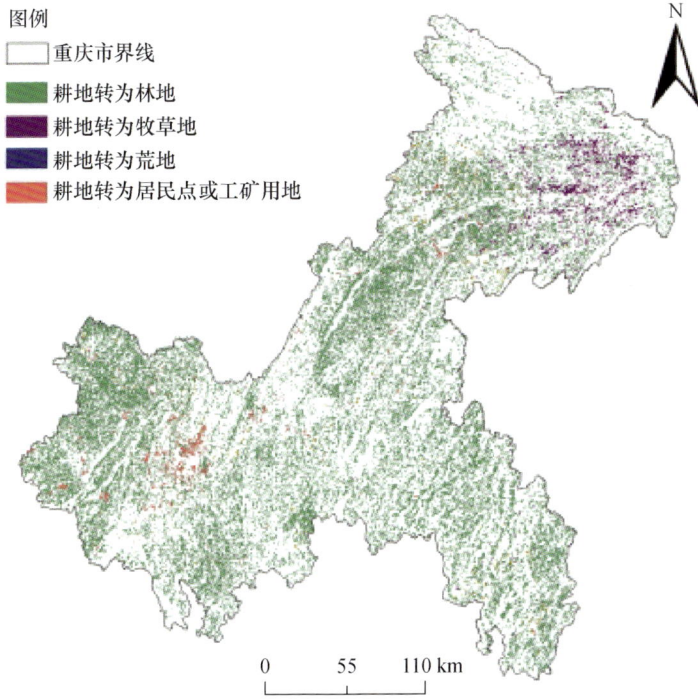

图例
　重庆市界线
　耕地转为林地
　耕地转为牧草地
　耕地转为荒地
　耕地转为居民点或工矿用地

0　　55　　110 km

图 3-9　1997—2010 年重庆市耕地转出地类的区域分布

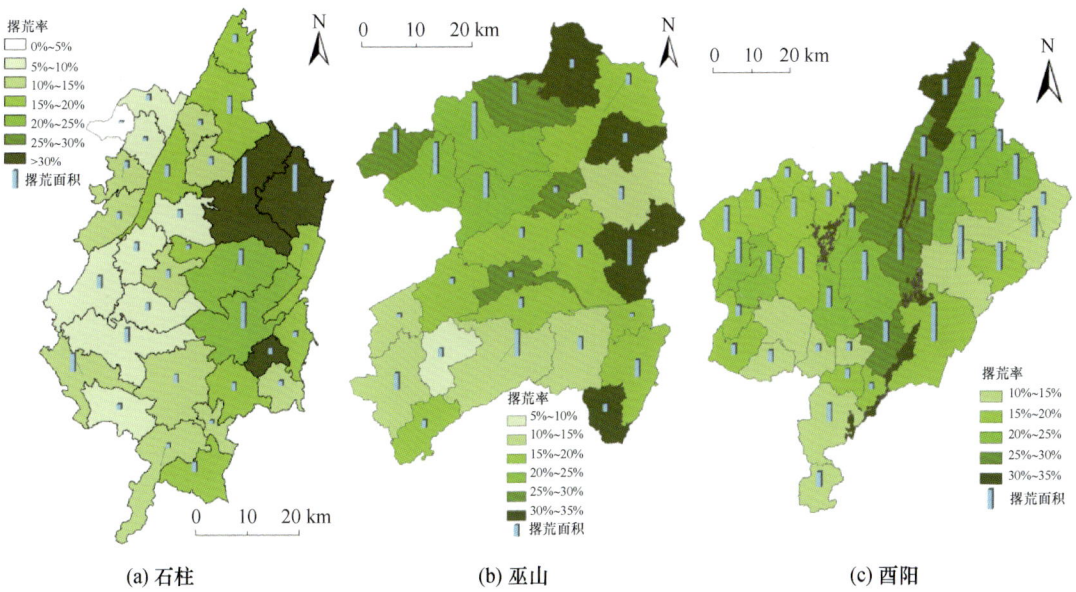

撂荒率
　0%~5%
　5%~10%
　10%~15%
　15%~20%
　20%~25%
　25%~30%
　>30%
　撂荒面积

0　　10　　20 km

撂荒率
　5%~10%
　10%~15%
　15%~20%
　20%~25%
　25%~30%
　30%~35%
　撂荒面积

0　　10　　20 km

撂荒率
　10%~15%
　15%~20%
　20%~25%
　25%~30%
　30%~35%
　撂荒面积

0　　10　　20 km

(a) 石柱　　　　　　　(b) 巫山　　　　　　　(c) 酉阳

图 6-1　乡镇撂荒率分级与撂荒面积分布

3

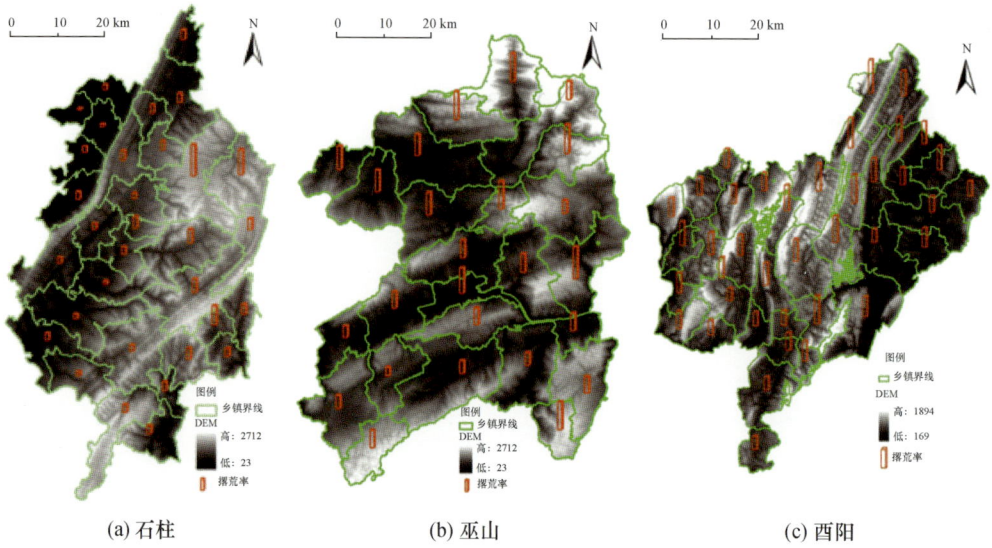

(a) 石柱　　　　　　　(b) 巫山　　　　　　　(c) 酉阳

图 6-7　重庆市 3 个县乡镇海拔高程与撂荒率

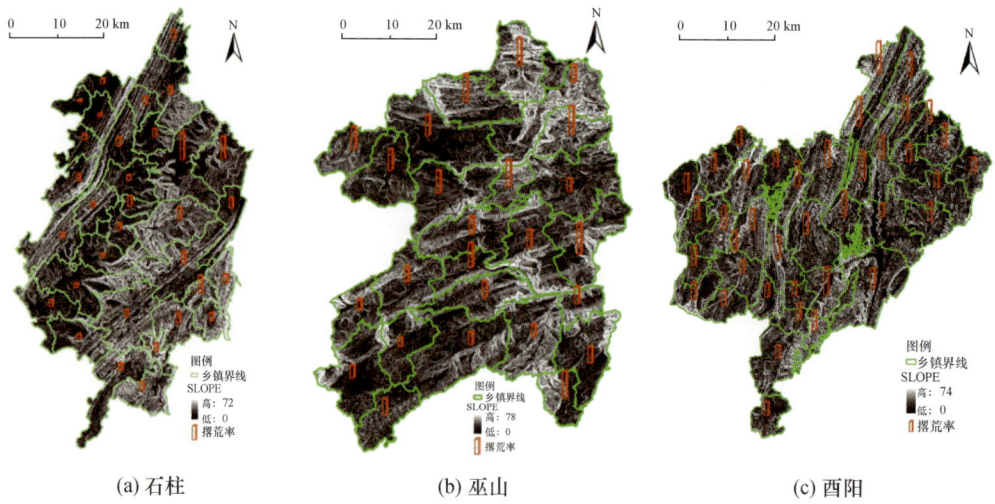

(a) 石柱　　　　　　　(b) 巫山　　　　　　　(c) 酉阳

图 6-8　重庆市 3 个县乡镇坡度与撂荒率

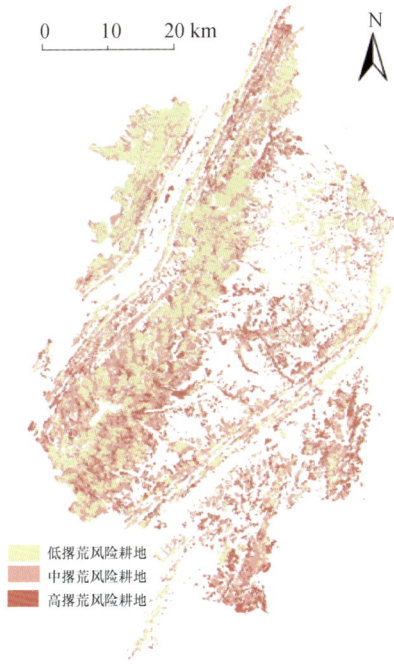

(a) 耕地撂荒风险分级

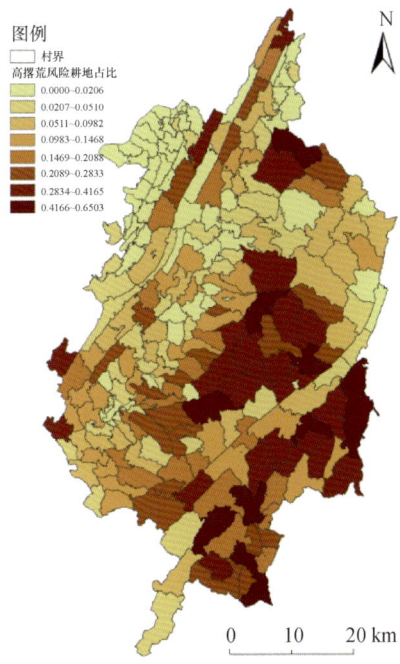

(b) 高撂荒风险耕地占比分级

(c) 土地高程

(d) 土地坡度

图 7-26 石柱县耕地撂荒风险与地形对比

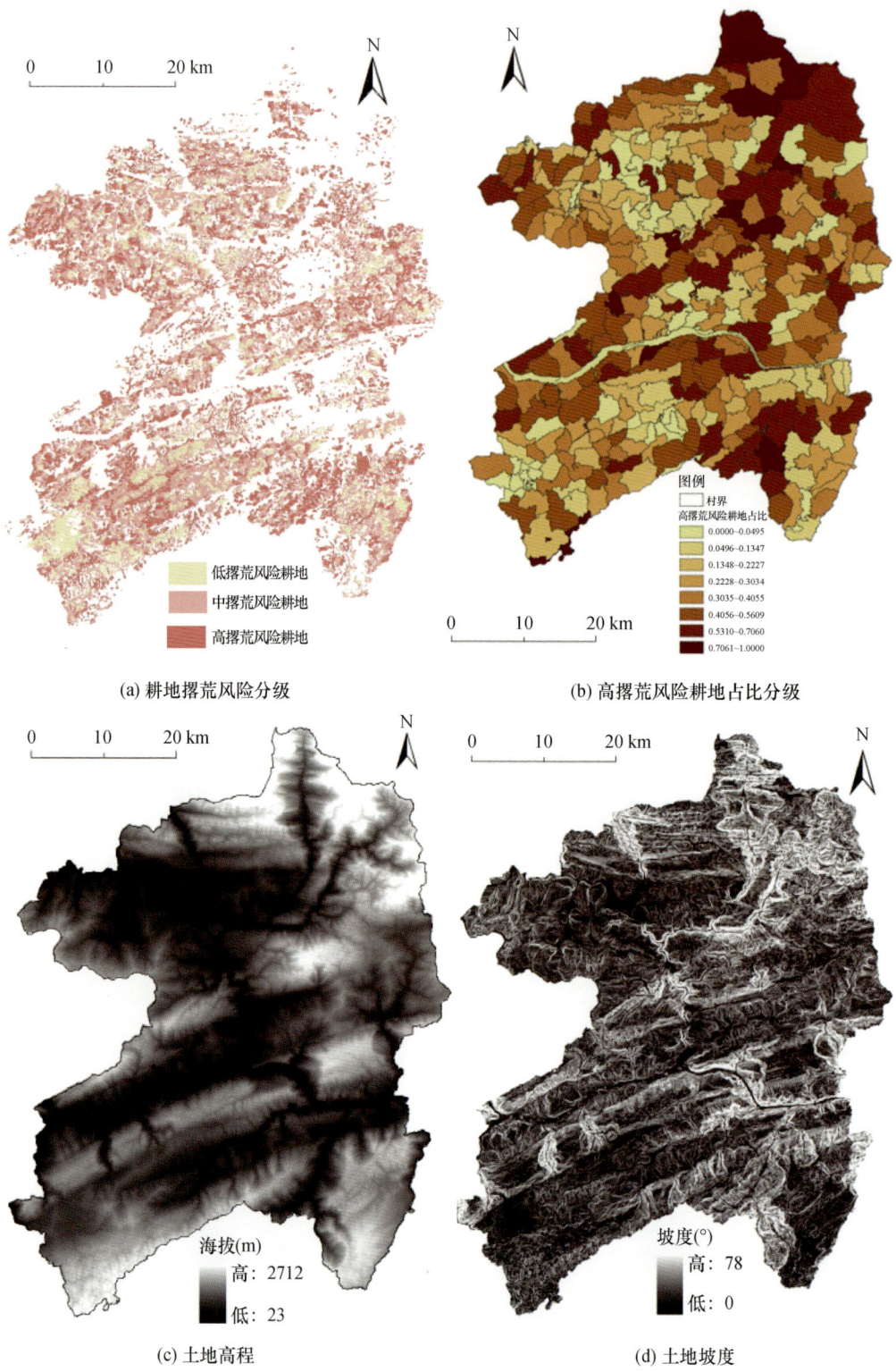

（a) 耕地撂荒风险分级

低撂荒风险耕地
中撂荒风险耕地
高撂荒风险耕地

（b) 高撂荒风险耕地占比分级

图例
村界
高撂荒风险耕地占比
0.0000~0.0495
0.0496~0.1347
0.1348~0.2227
0.2228~0.3034
0.3035~0.4055
0.4056~0.5609
0.5310~0.7060
0.7061~1.0000

（c) 土地高程

海拔(m)
高：2712
低：23

（d) 土地坡度

坡度(°)
高：78
低：0

图 7-27　巫山县耕地撂荒风险与地形对比

6

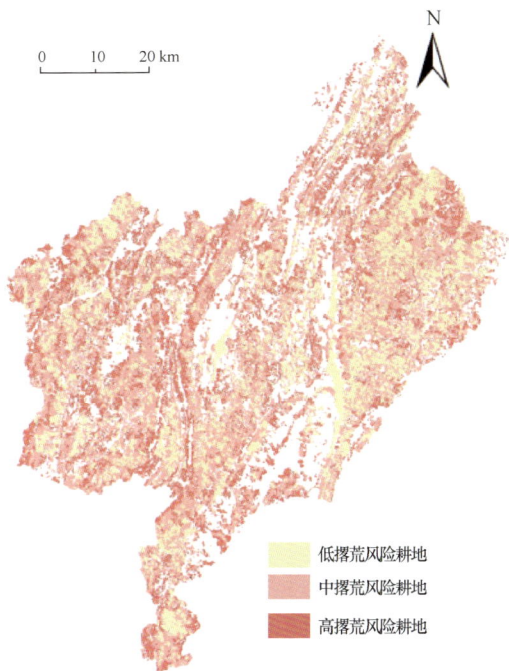

(a) 耕地撂荒风险分级

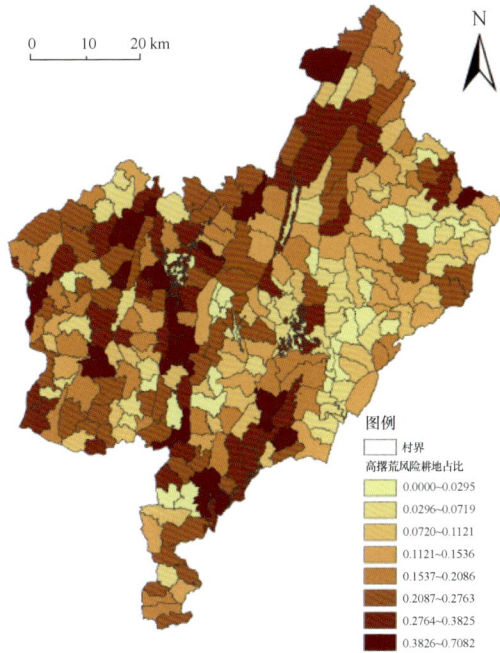

(b) 高撂荒风险耕地占比分级

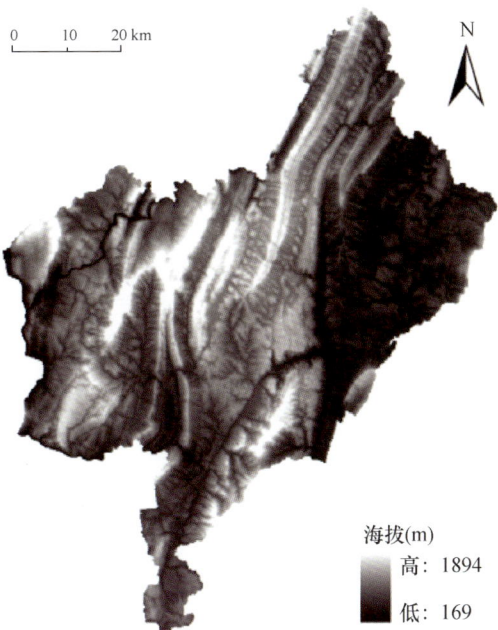

(c) 土地高程

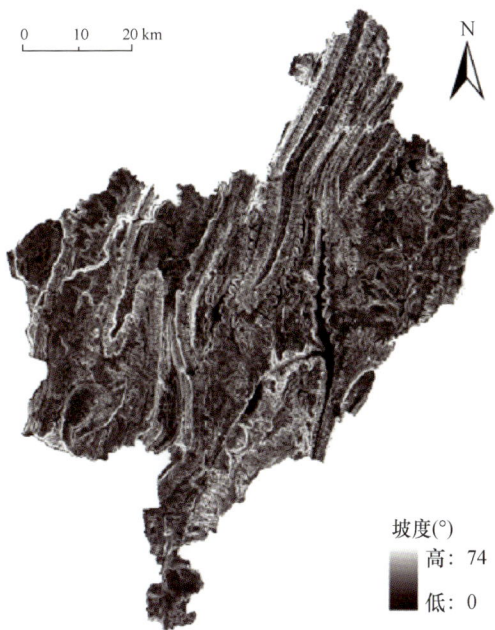

(d) 土地坡度

图 7-28 酉阳县耕地撂荒风险与地形对比